Feuchtigkeit im Haus

Tobias Pehle

Feuchtigkeit im Haus

vorbeugen, erkennen, beseitigen

FALKEN

Inhalt

I

Dampf, Wasser, Eis: Feuchtigkeit und ihre Folgen

Feuchtigkeit – Gefahr für Mensch und Bausubstanz
Bauphysikalische Grundlagen

Feuchtigkeit – Gefahr für Mensch und Bausubstanz

Zu hohe Feuchtigkeit im Haus oder eindringendes Wasser wirkt sich auf vielfältige Weise negativ aus:

- Die Bausubstanz wird ernsthaft angegriffen, Holz verrottet, Putz zerbröselt und Mauerwerk zersetzt sich, wenn ein Haus dauerhaft und ungeschützt Nässe ausgesetzt ist. Jede Bausubstanz sollte deshalb vor Feuchtigkeit geschützt werden. Wenn Feuchteschäden auftreten, sind meist umfangreiche, teure Sanierungsarbeiten notwendig.

- Es entsteht ein ungesundes Raumklima, denn zu hohe Feuchtigkeit im Raum greift die Gesundheit an. Krankheiten wie Rheuma und Erkältungen werden begünstigt. Heilungsprozesse dauern wesentlich länger. Außerdem wird das Immunsystem geschwächt: Der Körper ist insgesamt anfälliger, vor allem gegenüber Infekten.

- Das Wohlbefinden sinkt, weil sich der Mensch in feuchten oder gar nassen Räumen unbehaglich fühlt. Die Psyche wird belastet, der Mensch gerät unter Stress. Mit steigender psychischer Belastung sinken die Abwehrkräfte.

- Es bildet sich Schimmelpilz, weil feuchte Oberflächen dafür einen idealen Nährboden bieten. Schimmelpilzsporen aus der Raumluft setzen sich auf solchen Flächen ab, breiten sich rasch aus und greifen die Materialien an. Zu hohe Konzentrationen an Schimmelpilzsporen in der Luft sind darüber hinaus Gift für die Atemwege und erzeugen Allergien.

Durch Risse im Mauerwerk kann Feuchtigkeit ungehindert in die Bausubstanz eindringen

Bei Flachdächern kommt es durch verstopfte Abflussrohre und schadhafte Dachdichtung immer wieder zu gravierenden Feuchteschäden

Drainagen verhindern den direkten Kontakt der Feuchtigkeit im Erdreich mit den Bauteilen

Gesundheitsgefährdender Schimmelpilz kann sich nur auf feuchten Untergründen ausbreiten

● Die Einrichtung wird geschädigt oder gar unbrauchbar: Papier wellt sich, Stoffe modern, Holz verzieht sich – nicht selten entsteht großer materieller Schaden an allen Gegenständen. Doch damit nicht genug: Oft gehen Erinnerungsstücke wie z.B. persönliche Briefe oder private Fotos unwiederbringbar verloren – der ideelle Schaden wiegt so mitunter noch schwerer als der materielle.

● Die Heizkosten steigen, weil feuchte bzw. nasse Mauern kaum Schutz vor Kälte bieten. Wärmedämmstoffe wie z.B. Mineralfaser werden dann gänzlich wirkungslos. Außerdem muss in feuchten Räumen wesentlich mehr geheizt werden, bis es gemütlich warm ist. Der höhere Heizbedarf belastet Geldbeutel und Umwelt.

● Der Wert der Immobilie sinkt, denn der Verkaufspreis für Gebäude/Wohnungen fällt, wenn schwere Feuchteschäden auftreten. Feuchte Wohnungen sind nur schwer zu vermieten. Und treten bei Mietwohnungen nach dem Einzug Feuchteschäden auf, kann der Mieter Mietminderung geltend machen, sofern er durch falsches Nutzerverhalten nicht selbst schuld daran ist.

Die Ursachen von Feuchteschäden

Durch defekte Dachrinnen fließt Regenwasser direkt an der Fassade ab und schädigt die Bausubstanz

Eine professionelle Feuchteisolierung besteht meist aus einem Katalog verschiedener Maßnahmen, denn die Ursachen für durchfeuchtete Mauern, Decken oder Böden können vielschichtig sein. Ein Haus muss gegen folgende Arten von Feuchtigkeit geschützt sein:

Niederschlag

Regen und Schnee stellen die unmittelbarste Bedrohung für die Bausubstanz dar. Ein dichtes Dach und intakte Außenwände sind daher der beste Feuchteschutz. Problematisch sind vor allem die Übergänge zwischen verschiedenen Bauteilen und Baustoffen. Niederschlag, vor allem Schlagregen auf der Wetterseite des Hauses, dringt durch feinste Fugen ein, wie sie beispielsweise zwischen Fensterlaibung und Mauerwerk oder zwischen Dachabschluss und Mauerwerk zu finden sind.

Flachdächer sind in Bezug auf eindringende Nässe besonders anfällig. Hier können schon kleinste Risse in der Dichtung zu durchfeuchteten Decken führen, vor allem dann, wenn Abflussrohre verstopft sind und sich das Wasser nach jedem Regen zu einem kleinen See auf dem Dach staut.

Erdfeuchte

Aus dem Boden aufsteigende Feuchte ist die häufigste Ursache für Feuchteschäden im Keller und im Sockelbereich von Außenmauern. Wenn das Haus nicht ausreichend gegen den Wassergehalt im Erdreich geschützt ist, wirkt die Bausubstanz wie ein Schwamm: Sie saugt sich voll und die Bodenfeuchtigkeit steigt nach oben – abhängig von Feuchtigkeitsmenge, Baustoff und Grad der Verdunstung mehrere Meter. Das führt im Extremfall sogar noch im dritten Stock eines Hauses zu nassen Wänden. Bei Neubauten schützen so genannte horizontale und vertikale Sperren das Haus, also wasserundurchlässige Schichten im Fundament und an den erdberührenden Wänden.

Falsches Lüften – z. B. an kalten Tagen lange Zeit bei gekippten Fenstern – ist oft Ursache für Feuchteschäden im Hausinneren

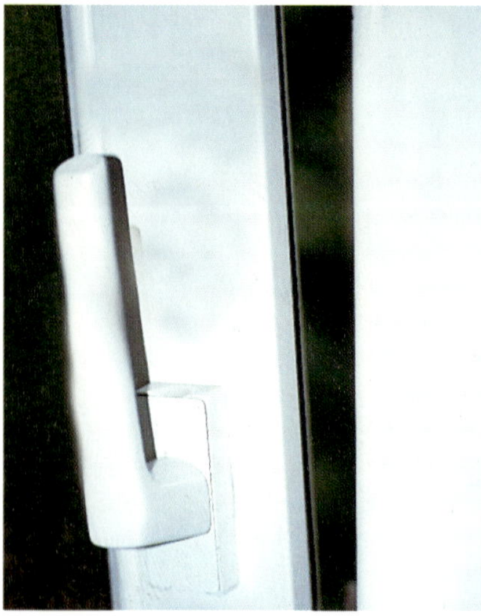

Kondensat

In der Luft befindet sich immer Wasserdampf. Unter ungünstigen physikalischen Bedingungen – Temperatursenkung und Druckerhöhung – schlägt sich dieser Wasserdampf auf Oberflächen als Wasser nieder: Es entsteht Kondensat, oder, wie es volkstümlich heißt, Kondenswasser. Dieser Prozess, die Kondensation, ist die häufigste Ursache für Feuchteschäden innerhalb von Wohnräumen, vor allem bei Neubauten.

Neubaufeuchte

Die Baumaterialien sind nach der Verarbeitung noch sehr feucht. Werden die Häuser zu schnell nach Fertigstellung bezogen, kann es durch das Austrocknen der Bausubstanz zu Schäden kommen, vor allem, wenn nicht richtig gelüftet wird. Diese Baufeuchte entweicht oft erst über einen Zeitraum von ein bis zwei Jahren.

Wassereinbrüche

Ob Wasserrohrbruch, defekte Zuleitung zur Waschmaschine oder schadhafte Dichtungen: Schäden an der Sanitärinstallation sind weitere Gründe für Feuchteschäden. Oftmals sind die Ursachen leicht zu erkennen und mit geringem Aufwand zu beseitigen. Teuer wird die Sanierung auch hier, wenn beispielsweise eine unprofessionelle Wärmedämmung dazu führt, dass Wasserrohre in Außenwänden bei Frost platzen.

Nicht zuletzt kommt es bei vielen Immobilien in Hochwassergebieten zu gravierenden Schäden durch eindringende Wassermengen – und nach sintflutartigen Regenfällen stehen immer wieder Keller unter Wasser.

Die richtigen Ursachen ermitteln

Für Bauherren, Immobilienkäufer oder Mieter wird „Feuchtigkeit im Haus“ zumeist immer nur dann zum Thema, wenn sich erste Feuchteschäden zeigen – sei es, dass sich an Innenwänden Schimmelpilz bildet, der Sockelbereich der Außenmauern Salzausblühungen zeigt oder Wasser direkt eindringt. Nur in seltenen Fällen lassen sich die Ursachen vom Laien sofort erkennen und wirkungsvoll bekämpfen – wie etwa bei defekten Dachziegeln.

Dass die Ursache für den Feuchteschaden nicht so einfach zu bestimmen ist, liegt nicht nur an den vielfältigen Wegen, auf denen Wasser eindringen kann. Erschwerend kommt die Eigenschaft des Wassers zu wandern hinzu, – in der Physik als Kapilartransport bezeichnet.

Der Punkt, an dem sich der Feuchteschaden zeigt, ist daher nicht zwangsläufig mit der Stelle deckungsgleich, an der der Schaden verursacht wird. Das Wasser sucht sich z.B. im Mauerwerk den Weg des geringsten Widerstandes – es gibt Baustoffe wie Holz oder Mörtel durch die Feuchtigkeit schneller wandern kann als durch andere, wie etwa Eisen oder Stein. Der Feuchteschaden wird grundsätzlich dort sichtbar, wo das Wasser am leichtesten austreten kann – und diese „Schwachstelle“ liegt unter Umständen in einer Mauer wesentlich tiefer als der Punkt, an dem das Wasser eintritt.

Wenn sich so z.B. in einem eingeschossigen Flachbau mitten in einer Außenwand im Wohnungsinneren Schimmelpilz bildet – das sichere Anzeichen für einen Feuchteschaden -, dann könnte dies sehr viele Ursachen haben: Das Spektrum reicht vom Riss im Außenputz, durch den Niederschlag eindringt, über eine schadhafte Stelle in der Dachdichtung, die allerdings mitten in der Decke zu suchen sein kann, bis hin zu Kodensatfeuchte durch falsche Lüftung.

Treten gravierende Schäden auf, gilt es auf jeden Fall, zunächst einen Fachmann zurate zu ziehen. Denn werden falsche oder unwirksame Maßnahmen ergriffen, geht das nicht nur zu Lasten des Geldbeutels – der Zustand der Bausub-

Aufsteigende Erdfeuchte führt zu Feuchteschäden am Sockel

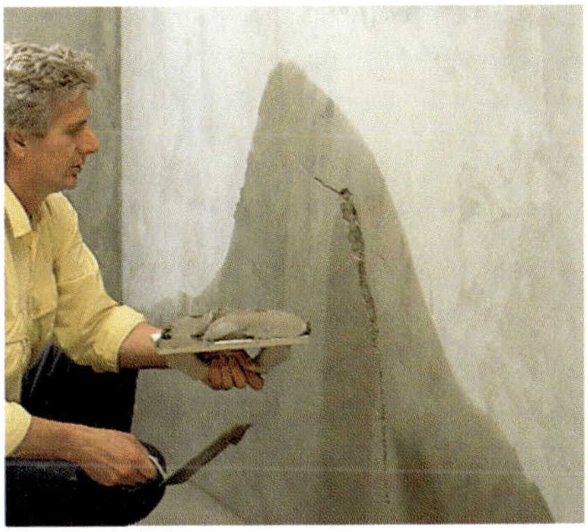

Nasse Kellerwände können vielfältige Ursachen haben: von mangelndem Schutz gegen Erdfeuchte über defekte Rohrleitungen bis hin zu Dauerfeuchte durch Kondensat

stanz könnte sich sogar verschlimmern. Zwar ist hier meist guter Rat, z. B. von Bauphysikern, nicht gerade billig, aber die Investition in einen Gutachter sollte Ihnen Ihre Bausubstanz wert sein – zumal Sie viele Sanierungsarbeiten auch in Eigenleistung ausführen und so Geld sparen können.

Grundsätzlich sollten Sie sich aber nur an die Arbeiten heranwagen, die Sie fachgerecht auszuführen in der Lage sind. Mit technisch aufwendigen und komplizierten Maßnahmen – wie beispielsweise das nachträgliche Einbringen von horizontalen Sperren – sollten Sie aber immer Fachunternehmen beauftragen.

Stichwort: Baubiologie

Das Thema „Feuchteschäden durch Kondensat" gibt unter baubiologischen Gesichtspunkten immer wieder Anlass zu Missverständnissen: Zeitgemäße effektive Wärmedämmung ist ohne eine sehr gute Feuchteisolierung nicht denkbar. Letztere verhindert aber nicht nur, dass Feuchtigkeit von außen eindringen kann, sondern erschwert zugleich den Transport von warmer, feuchter Luft nach draußen. Wenn in einem solchen Haus nicht richtig gelüftet wird (Seite 30 ff.), kommt es deshalb schneller zu Feuchteschäden als in weniger gut gedämmten Häusern, bei denen die feuchte Luft auch beispielsweise durch Fensterritzen entweichen kann. Daraus allerdings ableiten zu wollen, ein gesundes, natürliches Raumklima wäre mit modernen Dämmmaßnahmen nicht zu erreichen, ist falsch. Allerdings muss man in sehr gut isolierten Häusern richtig lüften.

Einen wichtigen baubiologischen Aspekt berührt hingegen die Frage, welche Materialien zur Feuchtigkeitsisolierung und -regulierung am besten eingesetzt werden. Prominentes Beispiel sind die Holzschutzmittel. Heute sind die giftigen Produkte, die in den 60er- und 70er-Jahren die Gesundheit gefährdeten, nicht mehr zugelassen: Dennoch gibt es immer noch wesentliche Unterschiede. So verzichten einige Holzschutzmittel-Hersteller gänzlich auf chemische Zusätze und bieten Produkte auf rein biologischer Basis an.

Ein genauer Blick auf die „Zutaten" empfiehlt sich auch in

In der großen Auswahl an Grundierungen, Farben, Lacken und Lasuren finden Sie auch umweltfreundliche Produkte

vielen anderen Bereichen, wie beispielsweise bei den Dichtungsmassen, die es lösungsmittelfrei auf Wasserbasis gibt.

Luftfeuchte und Raumklima

Der Mensch fühlt sich bei einer gleich bleibenden, gemäßigten Luftfeuchte und einer angenehm warmen Temperatur am wohlsten. Als ideal wird in Räumen eine Luftfeuchtigkeit von 50 % bis 70 % bei Temperaturen zwischen 20 bis 24 °C empfunden. Zu trockene oder zu feuchte Luft hingegen mindert das Wohlbefinden.

Die Raumumschließungsflächen und die Einrichtung haben maßgeblichen Einfluss auf die Feuchte. Wand, Decke und Boden auf der einen und Möbel, Stoffe und Teppiche auf der anderen Seite nehmen bei zu hoher Luftfeuchtigkeit Wasser auf. Sie entziehen es der Luft. Da sie bei geringer Luftfeuchtigkeit das gespeicherte Wasser wieder abgeben, wirken sie regulierend und tragen zu einem gesunden, behaglichen Raumklima bei. Um ein angenehmes Raumklima zu schaffen, setzt man für die Raumumschließungsflächen also am besten Materialien ein, die die Fähigkeit haben, große Feuchtigkeitsmengen aufzunehmen, beispielsweise Gipskartonplatten, Naturfasern oder Holz. Vermeiden Sie hingegen feuchtigkeitssperrende Materialien wie kunststoffbeschichtete Tapeten oder Farben mit hohem Kunststoffanteil.

Die meisten Lacke und Lasuren, die Holz vor Wind und Wetter schützen, kommen heute ohne schädliche Wirkstoffe aus

Rechtsstreit: Feuchteschäden

Ganz gleich, ob in Mietwohnungen oder im neuen Eigenheim: Wenn Feuchteschäden aufgetreten sind, kommt es schnell zum Rechtsstreit darüber, wer denn für den Schaden haftet und die unter Umständen sehr teure Sanierung zu bezahlen hat.

Treten bei Neubauten Feuchteschäden auf, sollte der Hausbesitzer, ein Beweissicherungsverfahren einleiten

Neubauten

Bei Neubauten gilt grundsätzlich: Wer für den Schaden verantwortlich ist, muss zahlen. Dazu muss sowohl die Schadensursache eindeutig geklärt sein als auch der Verursacher – und darüber kommt es in der Praxis oft zu Streitigkeiten. Fein heraus ist, wer schlüsselfertig kauft – dann steht der Verkäufer nach BGB drei Jahre lang in der Haftung. Schwieriger wird es, wenn verschiedene Unternehmen am Bau beteiligt waren. Dann schieben sich die Betriebe oft gegenseitig die Schuld in die Schuhe. Um klagen zu können, muss der Hauskäufer deshalb zunächst die Ursache eindeutig ermitteln, was sich bei der Vielzahl der möglichen Schadensursachen oft als schwer erweist. Erst wenn der Verursacher zweifelsfrei feststeht, kann mit Erfolg geklagt werden.

Ist mit dem Verursacher keine außergerichtliche Einigung möglich, empfiehlt es sich, ein Beweissicherungsverfahren einzuleiten. Dabei bestellt das Gericht einen unabhängigen Gutachter – die Kosten dafür hat der Kläger im Voraus zu entrichten. Ein einseitig vom Kläger in Auftrag gegebenens Gutachten wird von den Gerichten nur selten anerkannt. Verliert der Beklagte den Prozess, dann hat er nicht nur die Kosten für die Sanierung und die Gerichtskosten zu tragen, sondern auch die im Vorfeld vom Kläger entrichteten Gutachterkosten zu übernehmen.

Gebrauchte Immobilien

Vor dem Verkauf eines gebrauchten Hauses hat der Verkäufer den Käufer über Feuchteschäden beziehungsweise Baumängel aufzuklären. Werden gravierende Schäden oder Mängel verschwiegen, hat der Käufer ein Recht, die Beseitigung der Schäden durch den Verkäufer einzufordern. Das gilt erst recht bei Feuchteschäden, die so kaschiert wurden, dass sie beim Verkauf nicht zu erkennen waren. Im Extremfall besteht für den Käufer sogar das Recht auf Wandlung des Kaufvertrags.

Wer eine gebrauchte Immobilie kaufen will, sollte sie von Gutachtern auf Feuchteschäden untersuchen und den Sanierungsaufwand einschätzen lassen

Mietwohnungen

Auch bei Feuchteschäden in Mietwohnungen werden zunächst die Ursachen ermittelt. Schäden, die auf Baumängel zurückzuführen sind – wie z. B. aufsteigende Erdfeuchtigkeit oder eindringender Niederschlag –, gehen eindeutig zu Lasten des Vermieters. Werden die Schäden trotz schriftlicher Aufforderung vom Vermieter nicht im Rahmen einer Fristsetzung (z. B. vier Wochen) behoben, kann Mietminderung geltend gemacht werden – je nach Feuchteschaden bis zu 50 %.

Stellt der Vermieter die Mängel nicht ab, kann der Mieter auf Ausführung der notwendigen Sanierungsmaßnahmen klagen. In schwer wiegenden Fällen darf der Mieter auch fristlos kündigen – dann hat der Vermieter die Kosten für den Umzug und/oder für die entstandenen Feuchteschäden an Möbeln zu zahlen.

Anders ist die Rechtslage bei Schäden durch Kondensat. Wenn der Schaden durch den Mieter verursacht wird – z. B. durch nicht

Feuchteschäden wie dieses defekte Fenster muss der Vermieter nach Aufforderung des Mieters umgehend beheben

ausreichende Lüftung – hat er für die Schadensbeseitigung geradezustehen. Dies gilt besonders für den Fall, dass der Vermieter bei Vertragsbeginn den Mieter mit einem Merkblatt über richtiges Heizen und Lüften aufgeklärt hat. In einigen Fällen ist der Vermieter sogar verpflichtet, den Mieter über das richtige Verhalten in Bezug auf Heizen und Lüften aufzuklären, beispielsweise, wenn durch nachträgliche Dämmmaßnahmen eine Verhaltensänderung des Mieters zwingend angezeigt ist.

Bei Feuchteschäden in Mietwohnungen kommt es so immer wieder zu Rechtsstreitigkeiten: Der Mieter behauptet, der Schaden sei auf Baumängel oder auf mangelnde Information durch den Vermieter zurückzuführen. Der Vermieter seinerseits hingegen sagt, es sei falsch geheizt und gelüftet worden.

Gerichtsverfahren, die aus solchen Streitigkeiten erwachsen, sind oft langwierig und sehr teuer – der Ausgang ist dabei oft für keine der beiden Seiten vorhersehbar. Deshalb empfiehlt es sich in einem solchen Fall, auf eine außergerichtliche Einigung hinzuarbeitzen. In Niedersachsen und Hamburg z.B. bieten die Verbraucherzentralen spezielle Schlichtungsmöglichkeiten an.

PRAXIS-TIPP

Lassen Sie vor dem Kauf eines Altbaus die Bausubstanz von einem Gutachter prüfen, vor allem, wenn sich im Keller oder Sockelbereich Feuchteschäden zeigen, z.B. durch Salzausblühungen.

CHECKLISTE BEI HAUSKAUF UND WOHNUNGSMIETE

Check von außen	**Ja**	**Nein**
Dach		
Bei Schrägdächern: Fehlen Dachziegel oder sind sie beschädigt?		
Bei Flachdächern: Zeigen sich in der Dachdichtung Risse?		
Wände		
Zeigen sich in bestimmten Bereichen Verfärbungen des Mauerwerks oder des Putzes, die eine Durchfeuchtung vermuten lassen?		
Weist der Putz Risse auf?		
Sind Teile des Putzes weggeplatzt?		
Sind Teile der Wand unverputzt?		
Zeigt die Farbschicht des Schutzanstriches Risse?		
Sind Teile der Farbschicht weggeplatzt?		
Bei Sichtmauerwerk: Fehlen Teile des Mörtels?		
Bei Fachwerk: Sind die Fugen zwischen Ständerwerk und Ausfachung eventuell undicht?		
Bei Holzhäusern: Sind Teile der Verkleidung morsch oder stoßen Holzteile nicht mehr bündig aneinander?		
Sockel		
Ist aufsteigende Erdfeuchte zu erkennen?		
Fühlt sich der Sockel auch bei trockener Witterung feucht an?		
Zeigen sich Salzausblühungen?		
Check von innen		
Wohnräume		
Gibt es Schimmelpilz?		
Riecht es in den Wohnräumen modrig?		
Sind Teile der Tapete wellig oder lösen sie sich ab?		
Fühlen sich die Innenwände feucht an?		
Zeigen sich unterhalb von Fenstern Wasserflecken?		
Dachstuhl		
Sind Teile des Gebälks morsch?		
Können Sie durch das Dach den Himmel sehen?		
Keller		
Steht der Keller nach Regen unter Wasser?		
Sind Feuchtigkeitsschäden an den Wänden oder am Boden erkennbar?		
Sind die Wände übermäßig feucht?		

Müssen Sie eine oder mehrere Fragen mit „Ja" beantworten, dann liegen entweder Feuchteschäden vor oder Sie müssen damit rechnen.

Bauphysikalische Grundlagen

Um Feuchteschäden kompetent beurteilen, die richtigen Sanierungsmaßnahmen einleiten und die Arbeiten dann professionell ausführen zu können, sind einige bauphysikalische Grundlagen unabdingbar – vor allem in Bezug auf das Zusammenspiel von Wasser und Temperatur.

Feuchtigkeit und Wärme

Beide Größen sind für die Bauphysik deshalb so interessant, weil sie entscheidenden Einfluss auf unser Wohlbefinden haben: Behaglichkeit stellt sich am besten bei mittleren Feuchtegehalten und gleichmäßig temperierten (Temperatur: 20 – 23 °C) Räumen (Häusern) ein. Die Natur hingegen bietet diese optimalen Lebensumstände nicht: Mal ist es trocken, mal feucht – und die Temperaturschwankungen zwischen Winter und Sommer sind enorm: In unseren Breitengraden reichen sie von –20 ° bis +35 °C. Eines der wesentlichen Ziele der Bauphysik ist es, Häuser mit einem positiven Raumklima zu bauen, die also – wie es in der Fachsprache heißt – thermische Behaglichkeit bieten. Dies ist nur möglich, wenn man Häuser gegen Temperaturschwankungen dämmt und gegen Feuchtigkeit isoliert.

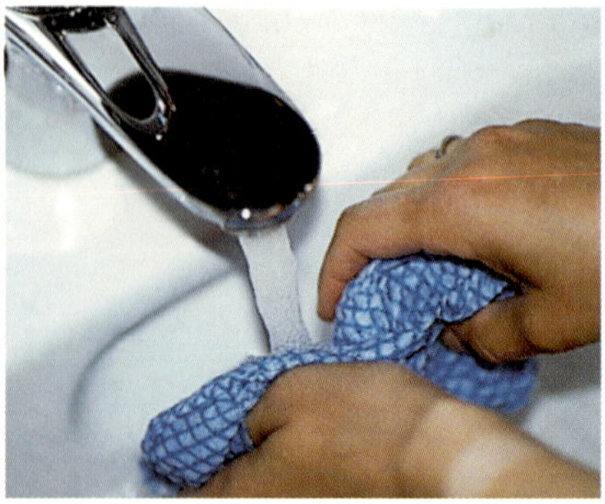

Zwischen Schmelz- (0° Celsius) und Siedepunkt (100° Celsius) ist Wasser flüssig

Aggregatzustände des Wassers

Feuchtigkeit und Temperatur sind zwar zwei unterschiedliche physikalische Größen – sie stehen aber in ganz enger Beziehung zueinander. Das zeigt sich allein schon an den Aggregatzuständen des Wassers:

- fest: unterhalb von 0 °C gefriert das Wasser zu Eis

- flüssig: zwischen Gefrier- und Siedepunkt ist es flüssig
- gasförmig: oberhalb von 100 °C löst sich Wasser in Dampf auf

Je nach Aggregatzustand des Wassers ergeben sich unterschiedliche Problemstellungen. Vor allem die Übergänge von einem Aggregatzustand zum anderen wirken sich aus – so z. B. wenn Wasser in Leitungsrohren gefriert. Bei Frosteinwirkung vergrößert das Wasser sein Volumen um 9,5 %. Dabei dehnt es sich mit einer solchen Kraft aus, dass das Rohr platzt. Erwärmt es sich, geht der feste Zustand wieder in den flüssigen über – das Wasser fließt aus dem beschädigten Rohr: Der Wasserschaden ist unvermeidlich.

Luftfeuchtigkeit und Taupunkt

Wie eng Wasser und Temperatur verbunden sind, zeigt sich besonders bei der Luft. Sie hat die Eigenschaft, Wasser an sich zu binden und enthält so stets einen bestimmten Grad an Feuchtigkeit – die so genannte Luftfeuchtigkeit. Wieviel Feuchtigkeit die Luft aufnehmen kann, ist temperaturabhängig: Bei hohen Temperaturen kann sie viel Wasser speichern, bei Minusgraden hingegen nur sehr wenig. Bei 20 °C nimmt die Luft beispielsweise maximal eine Wassermenge von 17,5 g pro m³ auf, bei 0 °C jedoch nur 5,0 g pro m³. Wenn der Maximalwert erreicht ist, spricht man von 100 % Luftfeuchtigkeit (siehe Tabelle). Wird dieses Limit überschritten, gibt die Luft das Wasser wieder ab – in der Natur zum Beispiel als Regen.

Lufttemperatur und Wassergehalt*

Lufttemperatur	Luftfeuchte 40 %	60 %	80 %	100 %
−5 °C	1,2 g	1,8 g	2,4 g	3,0 g
0 °C	2,0 g	3,0 g	4,0 g	5,0 g
+5 °C	2,8 g	4,2 g	5,6 g	7,0 g
+10 °C	3,8 g	5,7 g	7,6 g	9,5 g
+15 °C	5,2 g	7,8 g	10,4 g	13,0 g
+20 °C	7,0 g	10,5 g	14,0 g	17,5 g

* pro m³ Luft (gerundete Werte)

Taupunkttemperatur

Wie sich Erwärmung und Abkühlung der Luft in der Praxis auswirken, lässt sich gut am Morgentau erkennen: Erwärmt sich die Luft, verdunstet der Tau – die warme Luft nimmt die Feuchtigkeit auf. In der Nacht kühlt sich die Luft ab und kann nicht mehr so viel Wasser an sich binden. Fällt die Temperatur unter einen bestimmten Wert, gibt die Luft das Wasser wieder ab. Es bildet sich Kondensat, das sich als Tau auf dem Boden absetzt. Die nach diesem Prozess benannte Taupunkttemperatur ist ein Kennwert für feuchte Luft. Sie gibt an, bis auf welche Temperatur die

Tau bildet sich, wenn die Temperatur abnimmt und die Luft nicht mehr genug Feuchtigkeit aufnehmen kann

Luft abgekühlt werden kann, bevor sie Tauwasser abgibt.

Temperatur von Stoffen

Wärme bringen wir in erster Linie mit der Lufttemperatur in Verbindung. Aber auch alle anderen Stoffe weisen eine eigene Temperatur auf, wie z. B. die kalte Bierflasche oder der heiße Stein. Die Materialien erwärmen sich schneller oder langsamer als die Luft und kühlen auch entsprechend unterschiedlich ab. Der Boden, auf dem der Grashalm wächst, ist kühler als die Luft. Kann die bereits abkühlende Luft noch gerade eben das Wasser komplett an sich binden, wird der Taupunkt auf dem kalten Boden bereits erreicht – dort entsteht schon Kondensat.

Der gleiche Prozess vollzieht sich im Winter, wenn die warme Luft eines geheizten Innenraums auf ein schlecht gedämmtes Fenster trifft. Durch die kalte Außenluft kühlt die Scheibe stark ab. Trifft die warme Innenluft auf die Scheibe, wird die Taupunkttemperatur unterschritten – auf der Scheibe setzt sich von innen Kondensat ab. Ist die Scheibe bis auf Minusgrade abgekühlt, gefriert das Kondensat – es entstehen hübsche Eisblumen.

In Abhängigkeit zur Luftfeuchtigkeit reichen manchmal schon kleine Temperaturschwankungen, damit sich Kondensat bildet. Wenn in einem normal temperierten Raum (um 20 °C) ein Brillenglas angehaucht wird, beschlägt es durch den warmen, feuchten Atem sofort.

Gleiches vollzieht sich, wenn 20 °C warme Raumluft mit 80 % Feuchtigkeit (entspricht einer Wassermenge von 14 g) auf eine kühlere Außenmauer mit 15 °C trifft. Die Luft kühlt unmittelbar an der Mauer auch auf 15°C ab. Bei

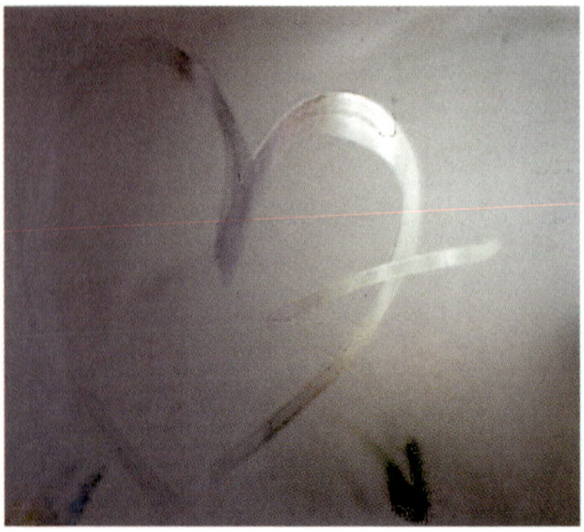

Kondensat entsteht, wenn 100 % Luftfeuchtigkeit überschritten werden

dieser Temperatur aber kann die Luft maximal 13 g aufnehmen; schon entsteht Kondensat – wenn auch nur in geringen Mengen.

Luftausgleich durch Strömung

Unterschiedliche Temperaturen haben aufgrund von Dichte- bzw. Druckunterschieden die Tendenz sich auszugleichen. Je höher die Temperaturdifferenz ist, desto größer ist auch der Druckunterschied. Deshalb strömt im Winter sehr schnell kalte Luft in geheizte Räume, wenn die Fenster geöffnet werden. Im Sommer hingegen, wenn es innen und außen nahezu gleich warm ist, dauert es wesentlich länger, bis die Luft sich ausgetauscht hat.

Der Temperaturausgleich ermöglicht, dass Kondenswasser auch wieder abtrocknen kann. Um beim Beispiel zu bleiben: In dem Moment, in dem die 20 ° warme Luft auf die 15 ° kalte Mauer trifft, beginnen sich die Temperaturen von Luft und Mauer auszugleichen – die Mauer erwärmt sich, die Luft vor der Mauer kühlt sich leicht ab. Durch Heizen und Luftzirkulation strömt aber sofort wieder warme Luft nach.

Indem die Lufttemperatur unmittelbar vor der Mauer wieder steigt, kann die Luft auch wieder mehr Feuchtigkeit aufnehmen – das Kondensat trocknet ab. Inwieweit feuchte Luft in Häusern abtrocknet, ist in der Praxis aber auch von der Luftströmung und den Windverhältnissen (Luv- und Leeseite des Gebäudes) abhängig. Auch Höhenunterschiede können eine Rolle spielen.

Diffusionswiderstandszahlen

Baustoff	Kennzahl*
Faserdämmstoffe	1–5
Schüttungen	1–5
Holzwoll-Leichtbauplatten	2–5
Ziegel	5–10
Porenbeton	5–10
Kalksandstein	5–10
Korkplatten	5–10
Holz	40
Polysterol	20–300
Polyurethan	30–100
Beton	70–150
Bitumenbahnen	10 000 – 80 000
Kunststofffolien	10 000 – 400 000
Alufolie	dampfdicht

* Anhaltswerte

Dampfdiffusion

Nicht nur Temperaturen gleichen sich aufgrund von Unterschieden an, sondern auch unterschiedliche Feuchtigkeitsgrade. Wenn also beispielsweise eine Luftschicht mit

Naturstein setzt der Dampfdiffusion einen sehr hohen Widerstand entgegen und eignet sich deshalb hervorragend als Baustoff

Kunststoff lässt so gut wie keinen Wasserdampf durch. Solche Folien bezeichnet man deshalb auch als „Dampfsperre" oder „Dampfbremse"

Wärmeleitung wichtiger Baustoffe		
Stoff	Wärmeleitzahl*	Schichtdicke für K = 0,5
Polystyrol	0,030–0,040	5–7 cm
Polyurethan	0,020–0,035	4–6 cm
Mineralfaser	0,035–0,040	6–9 cm
Perlite	0,045–0,050	8–9 cm
Kokosfaser	0,045	8 cm
Kork	0,040–0,050	7–9 cm
Holzfaser-Dämmplatte	0,045–0,055	8–10 cm
Zellulose-Dämmstoffe	0,040–0,045	7–8 cm
Porenbeton-Bausteine	0,16–0,23	29–42 cm
Mauerziegel	0,18–0,52	33–95 cm
Kalksandstein	0,44–0,54	80–90 cm
Normalbeton	2,10	384 cm
Naturstein	2,3–3,5	420–640 cm

* Bandbreite abhängig von Zusammensetzung bzw. Hersteller.

80 % Feuchtigkeit auf eine gleich warme Schicht mit 60 % Feuchtigkeit trifft, pendelt sich die Luftfeuchtigkeit auf einen Mittelwert von 70 % ein. Den damit verbundenen Bewegungsvorgang und das Vermischen der Dampfmoleküle bezeichnet man als Dampfdiffusion.

Die Diffusionsrichtung wird vom Wassergehalt der Luftschichten bestimmt: Der Wasserdampf bewegt sich immer dorthin, wo die Luft trockener ist. Da die Wassermoleküle sehr klein sind – sie haben einen Durchmesser von 0,3 Namometer (1millionstel Millimeter) – findet die Dampfdiffusion auch durch Baustoffe hindurch statt.

Wärmedurchgang

Baustoffe setzen nicht nur der Dampfdiffusion Widerstand entgegen, sondern auch dem Temperaturausgleich.

Die Wärmeleitfähigkeit (in der Fachsprache: Lambda = L) gibt an, wie gut die Wärmeübertragung in einem Material erfolgt. Sie wird in so genannten W/mK gemessen. Je geringer der Wert ist – die so genannte Wärmeleitzahl –, desto besser sind die Dämmeigenschaften (siehe Tabelle). Beton setzt mit einer Wärmeleitzahl von 2,1 dem Temperaturausgleich nur einen sehr geringen Widerstand entgegen, während Mineralfaser einen sehr guten Dämmwert von 0,035 erreichen kann.

Vergleicht man Dampfdiffusionswiderstandszahl und Wärmeleitfähigkeit, zeigt sich, dass kein Baustoff in beiden Kategorien optimale Werte liefert. So schützt Beton gut vor Feuchte, aber nicht vor Heizwärmeverlusten im Winter. Mineralfaser hingegen dämmt sehr gut, setzt der Feuchtewanderung aber keinen Widerstand entgegen. Deshalb werden Außenmauern immer aus mehreren Schichten verschiedener Materialien aufgebaut.

Feuchtigkeitsaufnahme

Stoffe können unterschiedlich viel Wasser aufnehmen. So besitzt beispielweise ein Schwamm große Saugfähigkeit und kann viel flüssiges Wasser speichern. Eisen oder Glas hingegen nehmen so gut wie keine Feuchtigkeit auf. Grundsätzlich gilt: Je feuchter ein Stoff ist, desto geringer ist seine Wärmedämmung.

Aufbau von Dächern und Außenwänden

Beim Aufbau von Dächern und Außenwänden kommt es deshalb darauf an, die Wärmedämmstoffe vor Durchfeuchtung zu schützen – und dies in doppelter Hinsicht: von außen gegen Niederschlag und von innen gegen Kondensat.

Viele Wärmedämmstoffe, wie beispielsweise Mineralwolle, verlieren ihre Wirkung, wenn sie feucht werden

Schutz vor Niederschlägen

Zum Schutz vor Niederschlag setzt man außen in der Regel entweder Materialien wie Beton oder Naturstein ein, die Wasser sehr gut abweisen, oder man schützt die eingesetzten Baustoffe durch eine feuchtigkeitsabweisende Schicht: Mauerziegel deckt man mit Putz ab, Holz dagegen schützt man mit speziellen Lasuren.

Bei Flachdächern verhindert eine durchgängige Bitumenschicht das Eindringen von Feuchtigkeit. Bei Schrägdächern halten zunächst die Dachziegel Regen und Schnee ab – direkt unterhalb wird heute zusätzlich eine Kunststofffolie – die Unterspannbahn – eingezogen, die das Eindringen von Wasser von außen unterbindet, aber Wasserdampf von innen durchlässt. Diese Eigenschaft bezeichnet man als diffusionsoffen.

Schutz vor Kondensat

Die Bauphysik hat verschiedene Lösungsansätze entwickelt, die verhindern, dass sich innerhalb des Wandaufbaus Kondensat bildet und Wärmedämmstoffe durchfeuchten:

Dampfsperre

Vor den Dämmstoffen wird auf der Rauminnenseite eine Folie eingezogen. Sie vermeidet, dass die Feuchtigkeit der warmen Raumluft in kältere Konstruktionsbereiche (beispielsweise den Wandaufbau) eindringt.

Der Fachhandel bietet diese Folien nicht nur in unterschiedlichen Längen und Breiten (Rollbahnen) an, sondern auch mit unterschiedlichem Dampfdiffusionswiderstand. Dabei gilt: Je höher dieser sd-Wert „m" (m = Kennwert für Wasserdampfdurchlässigleit einer Schicht), desto wirkungsvoller verhindert die Folie den Durchgang von Wasserdampf.

Damit die Dampfsperre die gewünschte Wirkung erzielt, müssen auch die Anschlüsse zwischen den einzelnen Folienbahnen und zwischen Dampfsperre und angrenzenden Bauteilen sorgfältig ausgeführt werden. Dafür sind im Handel speziell abgestimmte Produkte erhältlich wie beispielsweise ein spezielles doppelseitiges Klebeband, mit dem man überlappende Folienbahnen winddicht verklebt. Für die Anschlussfugen zu benachbarten Bauteilen setzt man einseitig klebende Dichtungsbänder ein.

Luftdichtheit

Wand- und Dachkonstruktionen müssen winddicht sein. Bei Mauerwerk ist dies durch die Putzschichten gewährleistet; bei Holzwänden oder Dachkonstruktionen bewirken dies Spanplatten, Gipskartonplatten und/oder Dampfsperren, die auch aus diesem Grund dicht ausgeführt und angeschlossen werden müssen. Wenn nichts dergleichen vorhanden ist, muss eine gesonderte Windsperre vorgesehen werden (Papplage, Natronkraftpapier o. ä.). Eine Holzverschalung allein ist nicht winddicht.

Hinterlüftung

Wenn auf den Einsatz von Dampfsperren verzichtet werden soll, muss gewährleistet sein, dass Luft zirkulieren und so das Kondensat abtrocknen kann. Dies erreicht man mithilfe einer so genannten Hinterlüftung. Darunter versteht man mit Zwischenlattungen erzeugte Hohlräume. Zum Raum hin schließen Gipskartonplatten oder Holzverkleidungen den Wandaufbau ab. Diese Konstruktion wird besonders häufig bei der Dachdämmung eingesetzt.

Spezielle Wandaufbauten

Der Wandaufbau aus niederschlagsabweisender Außenhülle, tragenden Elementen, Dämmstoffen und Innenausbau wird so berechnet, dass der Taupunkt nicht innerhalb der Wand erreicht wird. Die Konstruktionen kommen ohne Isolationen gegen Kondensat von der Raumseite her aus. Beim Innenausbau setzt man Materialien ein, die Feuchtigkeit gut aufnehmen können (z.B. Holz) und die regulierend wirken. Solche Wandaufbauten ohne Dampfsperren aus Kunststoff finden sich beispielsweise bei ökologisch orientierten Fertighäusern.

Feuchteisolierende Anstriche

Auf die Innenwand wird eine Schicht aufgebracht, die verhindert, dass Kondenswasser in die Wand einziehen kann. Das entstehende Kondensat wird durch Luftwechsel abgetrocknet. Bestes Beispiel sind geflieẞte Bäder – hier verhindern die Fiesen, dass Wasser in die Wand eindringen kann.

Feuchteschäden durch Konstruktionsfehler

Ursache für nasse Decken und Wände können also nicht nur direkt sichtbare Schäden sein, wie Risse im Putz, sondern auch Konstruktionsfehler sowie Wandaufbauten und Dämmmaßnahmen, bei denen die Feuchteproblematik unzureichend bedacht wurde, erfordern hinterher sehr hohen Sanierungsaufwand.

Grundsätzlich sollten bei Wand- und Deckenaufbauten die Diffusionswiderstände der einzelnen Schichten von innen nach außen abnehmen. Dann ist die Gefahr der Tauwasserbildung innerhalb einer Wand oder Decke gering. Die Faustregel dazu lautet: Innen dicht und außen durchlässig.

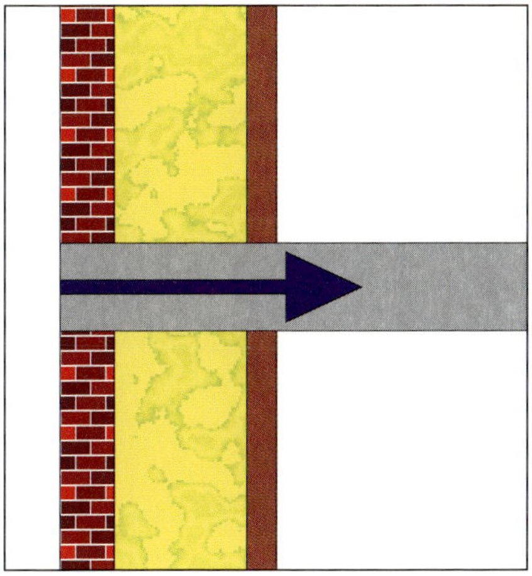

Wärmebrücke: Durch die nicht gedämmte Betondecke dringt kalte Luft nach innen

Wärmebrücken

Zu den häufigsten Konstruktionsfehlern zählen die so genannten Wärmebrücken. Darunter versteht man Bauteile, die mehr Wärme durchlassen als die unmittelbar benachbarten, weil sie z. B. schlecht gedämmt wurden. An den unzu-

Bei einer Hinterlüftung kann durch den Hohlraum zwischen Dämmstoff und Folie Luft zirkulieren und so Feuchtigkeit abtransportieren

reichend gedämmten Bauteilen kommt es zur Kondensatbildung – an der Wärmebrücke durchfeuchten die schlecht gedämmten Baumaterialien, da die Oberflächentemperatur auf der Rauminnenseite geringer ist und die Taupunkttemperatur schneller unterschritten wird.

Fehlende Hinterlüftung

Dieser Konstruktionsmangel ist meist auf eine falsch ausgeführte, nachträgliche Wärmedämmung zurückzuführen. Dabei kommt es zu Feuchteschäden, weil Kondensat nicht abtrocknen kann.

Wasserundurchlässiges Bitumen bietet der Handel in vielen Varianten an, z. B. als streichfähige Masse oder als Pappe

Fehlende horizontale und vertikale Abdichtungen

Besonders gravierend sind Konstruktionsfehler bei der Abdichtung des Fundaments, des Sockels und der Kellermauern gegen Erdfeuchte, Spritz- und Sickerwasser. Je nach Grundstückslage und Bodenbeschaffenheit sind dazu unterschiedliche Maßnahmen erforderlich.

Grundsätzlich werden die erdberührenden Bauteile mit feuchteundurchlässigen Schutzschichten versehen – den so genannten horizontalen und vertikalen Abdichtungen. Von unten verhindert eine Abdichtung, dass Wasser ins Haus eindringen kann (horizontale Sperre). Kellermauern und/oder den Sockel schützen Bitumenschichten und/oder Drainagen vor der Feuchtigkeit im Erdreich (vertikale Sperre). Bei besonders feuchten Böden, hohem Grundwasserspiegel oder drückendem Wasser sind zusätzliche Schutzmaßnahmen erforderlich, wie z.B. eine Betonwanne.

Fehlen solche Feuchteschutzmaßnahmen, sind sie mangelhaft oder unprofessionell ausgeführt, durchfeuchten die Bauteile und das Wasser steigt aufgrund des Kapillareffekts nach oben. Kapillaren sind winzige Hohlräume, die sich in jedem Baustoff finden. Das Wasser verteilt sich in den Kapillaren und wandert nach oben ins Mauerwerk.

2

Feuchteschäden vorbeugen und beseitigen

Schäden durch Kondensat
Schäden durch Niederschläge
Schäden durch Erdfeuchte

Schäden durch Kondensat

Feuchteschäden durch Kondensat in Wohnräumen sind im Wesentlichen auf drei Ursachen zurückzuführen:

- falsches Wohnverhalten wie ungenügendes Lüften und falsches Heizen
- Konstruktionsmängel, wie falscher Wand- oder Deckenaufbau
- fehlerhafte Bauausführung

Häufig entsteht der Feuchteschaden aber auch durch die Kombination von Mangel und falschem Verhalten. Nur in selteneren Fällen sind echte Schäden an Wand- oder Deckenaufbau, wie etwa Risse in der Außenhaut des Hauses, der Grund für die Nässe im Wohnungsinneren.

Menschen geben täglich bis zu 1,5 Liter Wasser an die Raumluft ab

Feuchtigkeit in Wohnräumen

Hohe Luftfeuchtigkeit in Wohnräumen ist nicht allein auf die Witterung zurückzuführen. Auch der Mensch selbst trägt auf vielfältige Weise dazu bei, dass Wasser an die Raumluft abgegeben wird:

Körper

Der Mensch selbst gibt beständig Feuchtigkeit an die Raumluft ab – und das nicht nur, wenn Schweißperlen an der Haut herunterrinnen. Allein durch die Atmung – den Körper verlässt warme, feuchte Luft – steigt die Luftfeuchtigkeit. Wie hoch die Konzentrationen sein können, zeigt sich während der kalten Jahreszeit in gut besuchten Kneipen: Betritt ein neuer Gast mit Brille den Raum, beschlägt diese sofort – auf den kalten Brillengläsern bilden sich große Mengen Kondensat, oft sogar in Form von Wassertropfen. Während eines Tages gibt ein Vier-Personen-Haushalt im Schnitt 1 bis 1,5 l Wasser an die Raumluft ab.

Duschen und Baden

Wird heiß geduscht, bildet sich rasch überall im Badezimmer Kondensat – Fenster beschlagen, an den Wänden rinnt Kondenswasser die Fliesen entlang und auf dem Boden bildet sich ein glitschiger Feuchtefilm. Ein Teil des Wassers verdampft sofort.

Trocknen

Beim Wäschetrocknen in Wohnräumen ist der Anstieg der Luftfeuchtigkeit nicht so offensichtlich wie beim Duschen mit heißem Wasser – doch gerade beim Trocknen wird sehr viel Feuchtigkeit an die Luft abgegeben – bis zu 3 l und mehr, je nachdem, wie nass die Wäsche aus der Waschmaschine kommt.

Kochen

Kochen – den Begriff kann man bei der Zubereitung von Speisen wörtlich nehmen: Immer wieder brodelt es in den Töpfen. Ob Eier, Nudeln oder Soßen – regelmäßig wird der Siedepunkt überschritten und Wasser direkt in Wasserdampf verwandelt. Entsprechend hoch ist die Luftfeuchtigkeit während des Kochens. Hinzu kommt, dass beim Kochen auch Öle und Fette an die Luft abgegeben werden, die sich mit dem Wasser an den Oberflächen niederschlagen und einen idealen Nährboden für Schimmelpilze darstellen.

Zimmerpflanzen

Auch Zimmerpflanzen geben Feuchtigkeit an die Raumluft ab – in „grünen Zimmern“ bis zu 1 l pro Tag.

Die Auflistung zeigt, dass es nicht möglich ist, Feuchtigkeit und Kondensatbildung in Wohnräumen zu vermeiden. Vielmehr muss es darum gehen, durch bewusstes Verhalten zu hohe Konzentrationen von Feuchtigkeit in der Luft zu vermeiden.

Grob fahrlässig handelt, wer Wäsche in ungelüfteten Räumen trocknet

In der Küche entsteht besonders viel Feuchtigkeit

Richtig Lüften

Die in einem Raum durch Wohnen erhöhte Feuchte muss durch Lüften wieder abgeführt werden. Dabei muss man bedenken, dass sich die Feuchtigkeit nicht nur in der Raumluft angereichert, sondern auch an den Oberflächen „festgesetzt" hat, insbesondere an den Tapeten, Teppichen und Vorhängen.

Die Feuchtigkeit in der Raumluft kann rasch durch einen kurzen Austausch mit der Außenluft abgeführt werden (Durchzug durch Quer- oder Stoßlüftung). Aber zum Ablüften der Oberflächenfeuchte dauert es etwas länger. Hierzu muss man mehrmals hintereinander – in Zeitabständen von etwa zehn Minuten – einen Luftaustausch herbeiführen. Die Frischluft muss sich jeweils wieder erwärmen können; sie wird dann trockener und kann wieder Feuchtigkeit aufnehmen. Die andere Möglichkeit ist, durch so genannte Spaltlüftung einen kontinuierliche, gleichmäßigen Luftwechsel zu bewirken, ohne dass die Raumluft stark abkühlt. Dies ist möglich durch Fenster in Kippstellung oder bei begrenzter normaler Öffnung (mit Arretierung). In beiden Fällen muss man darauf achten, dass der Raum nicht zu sehr auskühlt – also nicht zu häufige Stoßlüftung und nicht zu lange Spaltlüftung – und dadurch keine Feuchte mehr abgeführt wird, sondern nur noch Wärme verloren geht. Noch etwas: Je kälter die Außenluft im Winter ist, desto kürzer können die Lüftungszeiten sein, denn kalte Luft ist trockener und kann beim Erwärmen mehr Feuchtigkeit aus dem Raum aufnehmen und abführen. Genaue Angaben über Lüftungszeiten sind schwer zu machen sie hängen von der Feuchtebelastung, von der Raumgeometrie, der Fensteranordnung und den Windver-

Zum raschen Lüften sollten die Fenster weit geöffnet sein (links). Gekippte Fenster (rechts) haben einen geringen Lüftungseffekt

Wirkung von Lüftung		
Lüftungsart	**Fenster- und Türstellung**	**Dauer eines Luftwechsels***
Querlüftung	Fenster und gegenüberliegende(s) Tür/Fenster ganz geöffnet	1 – 5 Minuten
Querlüftung	Fenster gekippt, gegenüberliegende(s) Tür/Fenster offen	15 – 30 Minuten
Stoßlüftung	Fenster ganz offen, gegenüberliegende(s) Tür/Fenster geschlossen	5 – 10 Minuten
Stoßlüftung	Fenster halb offen, gegenüberliegende(s) Tür/Fenster geschlossen	10 – 15 Minuten
Stoßlüftung	Fenster gekippt, gegenüberliegende(s) Tür/Fenster geschlossen	30 – 60 Minuten

* Schätzwerte bei Räumen kleiner und mittlerer Größe

hältnissen ab. Alle Angaben (vgl. Kasten oben) können daher nur Schätz- und Anhaltswerte sein.

Quer- und Stoßlüftung

Man unterscheidet die Querlüftung von der Stoßlüftung. Bei der Querlüftung sind gegenüberliegende Fenster und/oder Türen geöffnet (Durchzug). Bei der Stoßlüftung dringt Frischluft nur von einer Raumseite ein, z. B. bei einem geöffneten Fenster und verschlossener Tür. Als Faustformel gilt: Bei einer Stoßlüftung dauert es im Vergleich zur Querlüftung zwei- bis dreimal so lange bis die Luft in einem Raum komplett ausgetauscht ist.

Gekippte Fenster müssen deshalb länger geöffnet werden, damit es zu einem Luftwechsel im Raum kommt. Das wiederum führt in der kalten Jahreszeit dazu, dass die Umgebungsflächen rund um das Fenster auskühlen. Zum raschen Lüften öffnet man am besten alle Fenster und Türen – Haustür inklusive. Abhängig von der Temperaturdifferenz zwischen Raum- und Außenluft dauert es dann nur wenige Minuten, bis die Luft im ganzen Haus komplett ausgetauscht ist.

An warmen Sommertagen, an denen die Temperatur außen höher

als innen ist, lässt sich tagsüber feuchte Raumluft nicht ohne Weiteres nach außen abführen: Durch Lüften strömt noch wärmere Luft ins Rauminnere, die sogar noch mehr Feuchtigkeit aufnimmt. An heißen Tagen gilt es deshalb, früh morgens und abends gründlich zu lüften, wenn es draußen kühler ist. Je geringer der Temperaturunterschied zwischen außen und innen ist, desto länger muss gelüftet werden, um einen kompletten Luftwechsel im Rauminneren herbeizuführen.

Vorbeugen durch richtiges Verhalten

Feuchteschäden durch Kondensat lassen sich mit einfachen Verhaltensregeln effektiv vorbeugen:

- Mehrmals täglich für Durchzug sorgen und so intensiv lüften.
- Beim Kochen oder Duschen Fenster öffnen, sodass der Wasserdampf zum größten Teil gleich nach außen abgeführt wird und sich gar nicht erst im Raum niederschlägt.
- Halten Sie beim Kochen oder Duschen die Türen geschlossen, sodass sich die feuchte Luft nicht im ganzen Haus verteilt.
- Verzichten Sie auf Wasserverdunster – sie sind bei richtigem Lüftungsverhalten überflüssig.
- Türen zu unbeheizten Räumen sollten Sie weitgehend verschlossen halten. Damit erreichen Sie, dass in diese Räume möglichst wenig warme, feuchte Luft eindringt und sich kein Kondensat auf den kalten Raumumschließungsflächen bildet.
- Wird bei geöffneten Fenstern geschlafen, sollte das Schlafzimmer während der kalten Jahreszeit tagsüber bei geschlossenen Fenstern geheizt und anschließend gelüftet werden. Nur durch Heizen kann die Luft Kondensfeuchte von den Raumumschließungsflächen aufnehmen, die dann durch einen Luftwechsel nach außen abtransportiert wird.
- Trocknen Sie keine Wäsche in geschlossenen Wohnräumen. Ist dies aus Raummangel nicht zu umgehen, sollte nach dem Trocknen gründlich gelüftet werden. Grob fahrlässig handelt, wer einen Ablufttrockner benutzt, ohne die Abluft nach außen abzuführen.

Wasserdampf sättigt die Luft sehr schnell mit Feuchtigkeit

- Möbelstücke sollten Sie immer einige Zentimeter von der Wand entfernt aufstellen, sodass dahinter die Luft zirkulieren und die Kondensfeuchte abtrocknen kann. Verhindern Sockelleisten, z.B. an Schlafzimmerschränken oder Bettkästen, die Luftzirkulation, sollten sie Lüftungsöffnungen erhalten, beispielsweise durch Lüftungsgitter oder Bohrungen. Das gilt besonders für entsprechende Möbelstücke in Kellerräumen. Grundsätzlich gilt: Je besser ein Haus isoliert ist, desto wichtiger sind diese Verhaltensregeln, da bei älteren Gebäuden immer auch ein gewisser Luftaustausch durch nicht perfekt abgedichtete Bauteile stattfindet.

Feuchte Räume abtrocknen

Hat sich im Wohnungsinneren Feuchtigkeit gebildet, sollte man die betroffenen Flächen möglichst rasch austrocknen. Dazu wiederholen Sie mehrfach folgende Schritte:

1. Fenster und Türen weit öffnen und durch Stoßlüftung die Raumluft rasch austauschen.

2. Fenster und Türen schließen und die Raumluft möglichst stark erwärmen, sodass sie viel Feuchtigkeit aufnehmen kann.

3. Erneut lüften und für Durchzug sorgen: Dadurch wird die feuchte, warme Raumluft wieder durch kühlere, trockene Luft ersetzt.
Bei Feuchteschäden wiederholt man diese Abfolge solange, bis die betreffenden Bauteile abgetrocknet sind, wie es in der Fachsprache heißt.

Problematisch ist das Abtrocknen von feuchten Kellern während der warmen Jahreszeit: Wenn die Lufttemperatur im Keller geringer ist als außen, führt einfaches Lüften nur zu einer weiteren Erhöhung der Luftfeuchtigkeit. In solchen Fällen am besten nachts lüften, wenn es draußen deutlich abgekühlt hat. Empfehlenswert ist auch der Einsatz von Ventilatoren, um den Luftaustausch in Kellern, aber auch in fensterlosen Räumen zu verbessern.

Luftentfeuchter

Luftentfeuchter entziehen der Luft Feuchtigkeit, die sich dann als Wasser in einem Auffangbehälter sammelt. Möglich wird dies durch ein spezielles Granulat, das wesentlich mehr Feuchtigkeit als die Luft aufnehmen kann und Luftfeuchtigkeit an sich bindet. Wenn der Sättigungsgrad des Granulats erreicht wird, tropft die Feuchtigkeit als Tauwasser in den Auffangbehälter. Der einzige Nachteil des Systems, das ohne Stromversor-

Bei Luftentfeuchtern zieht spezielles Granulat Feuchtigkeit aus der Luft. Sie sammelt sich in einem Auffangbehälter als Wasser

Das Granulat verbraucht sich mit der Zeit. Mit einer umweltfreundlichen Nachfüllpackung ist rasch Ersatz bei der Hand

gung arbeitet, liegt darin, dass sich das Granulat mit der Zeit zersetzt und gegen neues ausgetauscht werden muss.

Eine Reihe von Systemen erleichtert den Granulatwechsel durch Kassetten, die einfach getauscht werden können. Das Granulat wird über den normalen Hausmüll entsorgt.

Luftentfeuchter sind bestens geeignet, um den Feuchtigkeitsgrad in Kellerräumen oder in selten genutzten Räumen wie z. B. in Wohnwagen oder Ferienwohnungen zu regulieren. Sie beugen nicht nur Schimmelpilz vor, sondern verhindern auch Modergeruch und Stockflecken.

Hygrostate und Lüfter

Um die relative Luftfeuchtigkeit in Feuchträumen wie Bad, Wäsche- und Trockenkeller nicht über ein gefährliches Maß ansteigen zu lassen, setzt man Lüfter mit Feuchtesensoren ein, so genannte Hygrostate. Die Regeltechnik dieser Lüfter misst den Feuchtegrad der Luft und schaltet ab einem frei wählbaren Wert – z. B. 40 % Luftfeuchtigkeit – den angeschlossenen Ventilator an. Sinkt die Luftfeuchtigkeit wieder, wird auch die Spannungsversorgung wieder unterbrochen. Oft arbeiten die Hygrostate im Zusammenspiel mit Nachlaufrelais, die den Ventilator noch einige Minuten länger laufen lassen, um eventuelle Messungenauigkeiten auszugleichen.

Fach- und Versandhandel bieten für den nachträglichen Einbau eines Lüfters preisgüntige Komplettsets an. Sie umfassen Entlüftungskanäle für den Wanddurchbruch, Blenden (Gitter oder Jalousieklappen für außen und Ablufthauben mit Rückstauklappe für innen), Ventilator und Regeltechnik.

Man unterscheidet folgende Lüfter:

- Wandlüfter: Der Ventilator sitzt vor dem runden Lüftungskanal (10 – 15 cm Durchmesser)

- Rohrlüfter zum Einbau in den Lüftungskanal

- Fensterlüfter: Größerer Ventilator, der in eine kleine Fensteröffnung eingesetzt wird.

Preisunterschiede markiert vor allem die Förderleistung – sie liegt bei Wand- und Rohrlüftern zwischen 100 und 350 m³/h und mehr. Wollen Sie den Lüfter für Wohnräume anschaffen, sollten Sie beim Kauf auf die Lautstärke achten: Die meisten Wand- und Rohrlüfter entwickeln eine deutlich hörbare Lautstärke von 40 bis 50 dB/A. Leise Lüfter hingegen entfalten mit unter 20 dB/A kaum eine Geräuschbelästigung – sie sind dafür allerdings auch wesentlich teurer. Auch bei der Leistungsaufnahme gibt es gravierende Unterschiede: Sparsame Wandlüfter kommen mit 4 W aus, andere hingegen verbrauchen bei ähnlicher Förderleistung das vier- bis sechsfache.

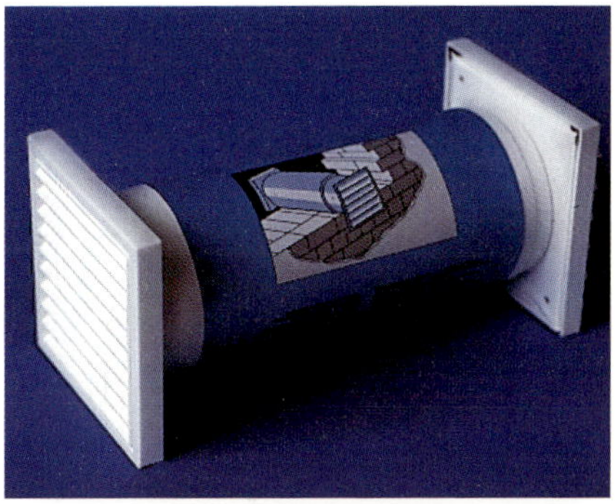

Feuchte Luft durch die Wand direkt nach außen abzuführen ist eine besonders effektive Methode, Feuchteschäden vorzubeugen. Der Handel bietet hierfür leicht zu montierende Komplettsets an

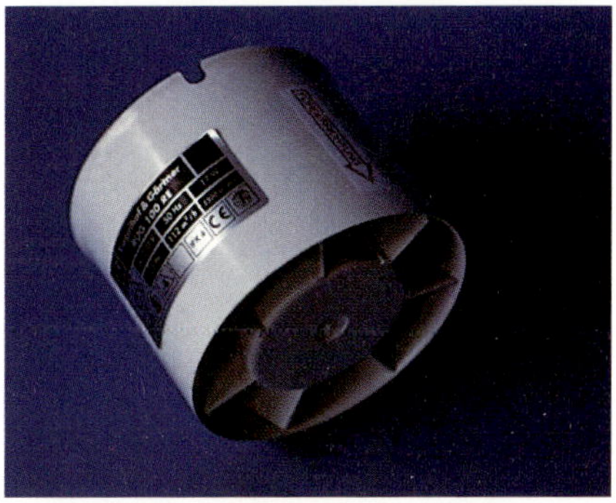

Rohreinsatzmotoren sorgen für ein schnelles Abziehen der feuchten Luft

Verschlusskappen gibt es in verschiedenen Ausführungen und Farben. Sie passen sich so in jede Fassade ein

Mit einem preiswerten Hygrostat mit Temperaturanzeige haben Sie den Feuchtigkeitsgehalt der Raumluft immer im Blick

Schimmelpilz

An dauerhaft feuchten Innenwänden und Decken ist es immer nur eine Frage der Zeit, bis sich Schimmelpilz ausbreitet. Man unterscheidet über 100 000 Arten, von denen 30 bis 40 häufig in Wohnungen vorkommen. Geringe Konzentrationen der mikroskopisch kleinen Samen dieser Pilze – je nach Pilzart als Sporen oder Konide bezeichnet – befinden sich immer in der Raumluft. Auf feucht-warmem Untergrund finden sie hervorragende Wachstumsbedingungen.

Die Sporen entwickeln sich zu Pilzgeflechten, die aufgrund von Farbveränderungen dann auch für das menschliche Auge sichtbar sind. Das Farbspektrum reicht je nach Pilzart von Gelb/Rot über Grün/Braun bis Schwarz/Grau.

Schimmelpilz breitet sich mit großer Geschwindigkeit aus, weil die Geflechte millionenfach neue Sporen an die Luft abgeben. Hohe Konzentration von Schimmelpilzsporen in der Luft sind gesundheitsgefährdend und können Erkrankungen der Atemwege und Allergien auslösen. Einige Wissenschaftler vermuten sogar, dass Schimmelpilze die häufigste Ursache für Allergien sind. Wenn sich in der Wohnung Schimmelpilz zeigt, müssen Sie deshalb sofort etwas dagegen unternehmen:

1. Den Schimmelpilz rasch beseitigen, damit er sich zum einen nicht weiter ausbreitet und zum anderen Ihre Gesundheit nicht in Mitleidenschaft gezogen wird.

2. Die Ursache für den Feuchteschaden sollten Sie umgehend beheben, denn andernfalls bilden sich an den betroffenen Flächen sehr schnell neue Pilze.

Wird dem Pilz nicht zu Leibe gerückt, frisst er sich unter Umständen in die betroffenen Bauteile und zerstört sie – allen voran sind Tapeten und Anstriche betroffen, seltener hingegen Putze.

Schimmelpilz siedelt sich besonders schnell in Ecken an, da dort die Luftzirkulation nur sehr gering ist

PRAXIS-TIPP

Schimmelpilze finden auch in Blumenerde idealen Nährboden. In Räumen, in denen Schimmelpilz auftritt, sollte deshalb die Blumenerde regelmäßig gewechselt werden, mindestens einmal jährlich.

Beseitigung von Schimmelpilz

Grundsätzlich gilt: Zeigt sich der Schimmelpilz erstmals, können Sie selbst den Kampf aufnehmen. Bei altem Befall sollten Sie unbedingt einen Fachmann zurate ziehen. Das gilt vor allem vor dem Kauf von Altbauten, in denen sich Schimmelpilz ausgebreitet hat. Dann ist ein Sachverständiger sein Geld wert, der den Sanierungsaufwand richtig einschätzen kann – nicht selten muss die befallene Bausubstanz komplett erneuert werden.

Als Hausmittel setzt man bei leichtem Erstbefall Essig zur Reinigung ein. Allerdings ist dies nur selten von durchschlagendem Erfolg.

Der Handel bietet verschiedene bauchemische Mittel zur Bekämpfung der Pilzkulturen an. Die meisten Mittel sind sehr aggressiv und gesundheitsgefährdend – bei der Verarbeitung sollten Sie unbedingt die Sicherheitshinweise der Hersteller beachten.

Die Palette der pilzabtötenden Mittel reicht von einfachen Reinigern über Sanierungssysteme aus Reiniger, neuer Grundierung und speziellem feuchtigkeitsregulierendem Wandbelag bis hin zu so genannten „Klimaplatten“ zur Wandverkleidung. Die Sanierungsprodukte bestehen aus anorganischen Materialien, vorzugsweise auf Kalkbasis. Ist der Schimmelpilz erfolgreich bekämpft und die Ursache des Feuchteschadens beseitigt, sollten Sie künftig besser auf kunststoffhaltige, dampfundurchlässige Beläge verzichten, und stattdessen feuchteregulierende Materialien einsetzen, wie z. B. Holz.

Bei solch einem starken Schimmelpilzbefall muss unbedingt die Ursache für den Feuchteschaden behoben werden

Besonders häufig sind Schimmelpilze im Bad, vor allem in den Fugen rund um die Dusche. Durch regelmäßiges gründliches Reinigen mit handelsüblichen Reinigern lässt sich verhindern, dass sich der Schimmelpilz in den Fugen festfrisst. Denn in diesem Fall müssen die Fugenführungen komplett erneuert werden.

Für die Beseitigung von Schimmelpilz bietet der Handel zahlreiche leicht zu verarbeitende Produkte an

PRAXIS-TIPP

Im Internet findet sich unter „www.schimmelpilz.de“ ein sehr gut aufgemachtes Informationsforum zum Thema mit umfangreichen Adressen und Links zu Organisationen und Herstellern sowie eine Übersicht über weiterführende Literatur.

Ständerwerke kann man besonders einfach aus so genannten CU- und CW-Profilen konstruieren

Kondensatschäden durch Konstruktionsfehler

Wärmebrücken und fehlende Hinterlüftungen sind die häufigste Ursache für Kondensatschäden aufgrund von Konstruktionsfehlern. Bei dieser Schadensart gilt grundsätzlich: Ziehen Sie zunächst einen Fachmann, z. B. einen Bauphysiker, zurate und lassen Sie professionell klären, wie der Konstruktionsmangel fachmännisch behoben werden kann.

Bei der Behebung der Schäden können Sie einige Arbeiten gut in Eigenleistung erbringen, vor allem, wenn eine Wärmedämmung mit Hinterlüftung und Dampfsperre notwendig ist. Die im Folgenden beschriebenen Arbeiten setzen voraus, dass die betroffenen Bauteile abgetrocknet sind und eventuell vorhandener Schimmelpilz bereits fachmännisch bekämpft wurde. Entfernen Sie außerdem losen Putz und säubern Sie die Wand, bevor Sie beginnen.

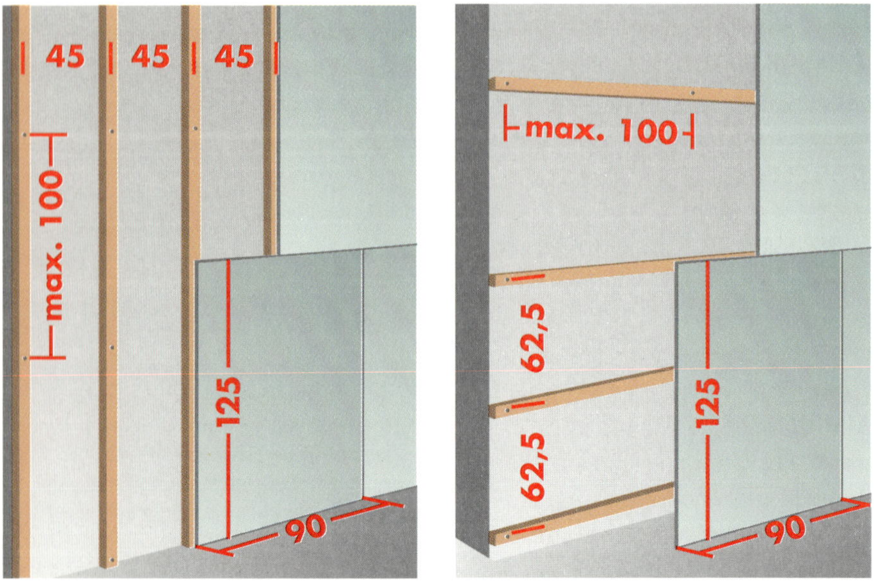

Beim Aufbau des Ständerwerks gilt es, die Maße und Abstände für Gipskartonplatten zu berücksichtigen

Ständerwerke

Ein Ständerwerk können Sie entweder mit Dachlatten aus Holz oder mit speziellen Stahlprofilen aufbauen. Die Verarbeitung der Profile ist einfach: Auf dem Boden und unter der Decke befestigen Sie so genannte „CW"-Profile. In diese horizontalen CW-Profile stellen Sie dann die mit einer Stichsäge auf Raumhöhe minus 1 cm passend zugeschnittenen CU-Profile. Abschließend verschrauben Sie dann CU- und CW-Profile miteinander.

Aufbau eines Holzständerwerks für die nachträgliche Wärme- und Feuchtedämmung

Vor die Wand wird zunächst eine Lattenkonstruktion gesetzt, bestehend aus horizontaler Boden- und Deckenlatte sowie mehreren vertikalen Latten in einem Abstand von rund 60 bis 80 cm (entsprechend der Mattenbreite des Dämmstoffes, abzüglich 1 cm).

Bei Altbauten sind die Wände zumeist uneben. Um dennoch die Latten gerade aufbringen und eine der Mattenstärke entsprechende Tiefe zu erreichen, bietet der Handel variable Abstandshalter an, Justierbügelhalter oder Direktabhänger genannt.

Nachdem Sie die Montagepositionen für die Justierbügelhalter festgelegt haben, bohren Sie pro Halter ein Loch in die Wand und setzen einen entsprechenden Dübel ein. Dann schrauben Sie den Justierbügelhalter mittig fest. Bringen Sie alle Latten auf das richtige Maß. Auf dem Boden vor der Wand rollen Sie einen dämmenden Randstreifen aus und legen die Boden-

Nachträgliches Errichten eines Holzständerwerks: Zunächst Justierbügelhalter an der Wand anbringen, die das gleichmäßige Ausrichten der horizontalen Verlattung auch bei unebenen Untergründen vereinfacht. Bodenlatte auf Dämmstreifen auflegen und vertikale Latten ebenfalls mit Justierbügelhaltern befestigen. Gesamte Konstruktion an der Wand befestigen und mit dem Dämmstoff füllen. Abschließend Dampfsperre aufbringen

MATERIAL

- Steinwollmatten, 60 bis 80 cm breit
- Dachlatten
- Justierbügelhalter (Direktabhänger)
- Mehrzweckdübel
- Dämmrandstreifen
- Schnellbauschrauben

WERKZEUG

- Maßband
- Bleistift
- Schlagbohrer
- Säge
- Schraubendreher
- Messer
- Tacker

platte auf. In den zuvor festgelegten Abständen montieren Sie die lotrechten Latten auf der Bodenlatte.

Dazu benutzen Sie ebenfalls Justierbügelhalter. Richten Sie die gesamte Rahmenkonstruktion so aus, dass sie genauso weit von der Wand entfernt steht, wie die Dämmfilze dick sind (60 oder 80 mm). Dann biegen Sie die Justierbügel nach vorn und verschrauben diese mit den lotrechten Latten.

Setzen Sie jetzt die Dämmmatten ein. Arbeiten Sie sich dabei von unten nach oben vor. Achten Sie darauf, dass die Matten bündig aufeinander sitzen. Falls erforderlich, kürzen Sie die Platten mit einem Messer. Dazu stellen Sie die Platte vor die Rahmenkonstruktion und benutzen die lotrechte Lattung zum Maßnehmen. Den Verschnitt verwenden Sie, um Spalten zwischen Wand und Latte auszustopfen. So verhindern Sie Wärmebrücken.

Dampfsperre anbringen

Nach der Verarbeitung des Dämmmaterials wird nun die Dampfsperre aufgebracht. Dazu setzt man Kunststofffolien ein. Es gibt sie in verschiedenen Varianten:

- sehr dünne Folien als Dampfbremse
- dickere Folien als Dampfsperre
- gewebeverstärkte Folien als Unterspannbahn in Dachkonstruktionen zum Schutz vor Niederschlag.

Zum Errichten eines Warmdaches (siehe auch S. 25) gibt es im Handel diffusionsoffene Unterspannbahnen.

Für fachgerechte Anschlüsse sind verschiedene Zusatzprodukte erhältlich, vor allem doppelseitige Klebebänder (auch Dichtbänder genannt) für überlappende Folien oder Anschlüsse an andere Bauteile. Beim Anbringen der Folien kommt es darauf an, genau zu arbeiten und Anschlüsse sorgfältig auszuführen, so dass weder Wind noch Feuchtigkeit eindringen können.

Dampfsperre unter Schrägdach

Zuerst die Folienbahn auf die richtige Länge zuschneiden (Gesamtlänge plus 20 cm). Die Folie tackert man auf die Latten-Unterkonstruktion oder die Sparren. Gute Dienste leisten dabei relativ preiswerte elektrische Tacker aus dem Baumarkt.

Die Folie können Sie sowohl parallel als auch quer zu Lattenkonstruktion oder Sparren anbringen. Bei der Parallelbefestigung beginnen Sie am besten an Fußpfette oder Bodenlatte. Verlaufen

Dampfsperre unter Schrägdach einziehen: Zunächst Folien 15 – 20 cm überlappend an den Sparren fest antackern. Überlappende Folien mit speziellem doppelseitigem Klebeband wind- und feuchtigkeitsundurchlässig verkleben. Dabei auch besonders sorgfältig an Anschlüssen zu anderen Bauteilen arbeiten. Für die Hinterlüftung zunächst jeweils oben und unten eine Querlattung festschrauben und dann die überstehenden Folienreste abschneiden. Abschließend weitere Latten anbringen

die Bahnen quer, beginnen Sie oben an der Dachpfette oder der Deckenlatte. Beim Antackern sollten Sie auf folgende Punkte achten:

- Die Abstände zwischen den einzelnen Tackerstellen sollten nicht mehr als 10 cm betragen.
- Folien nicht zu stark spannen, da sie ansonsten leicht reißen.
- Folien auch an Boden oder Deckenlatte bzw. Fuß- oder Firstpfette antackern.
- Folienbahnen ca. 10 cm überlappen lassen: Das gilt sowohl für den Anschluss an angrenzende Bauteile (z. B. Giebelwände) als

MATERIAL

- Kunststofffolien
- Doppelseitiges Spezialklebeband (Dichtband)
- Holzlatten (Anpresslatten)
- Schnellbauschrauben

WERKZEUG

- Maß (z. B. Zollstock)
- Schere
- Tacker
- Bohrmaschine mit 8-mm-Holzbohrer
- Schraubendreher oder Akkuschrauber

Für Kaminauslässe bietet der Handel spezielle vor gefertigte Folien an

Rund um ein Dachfenster muss die Dampfsperre besonders sorgfältig ausgeführt werden, weil dort besonders leicht Feuchtigkeit in die Dämmung einziehen kann

auch für die Nahtstelle zwischen zwei Bahnen. Bei Arbeiten über Kopf erleichtert eine provisorische „T"-förmige Stütze das Anbringen der Folie.

Kleben Sie im Bereich der Überlappung auf die unten liegende Folie bzw. das von der Folie überdeckte Bauteil doppelseitiges Klebeband. Drücken Sie dann die obere Folie an. Anschließend im Verlauf des Klebebandes die obere Folie noch einmal fest andrücken.

Damit die Anschlussstellen zwischen den Bauteilen luftundurchlässig sind, muss sehr sorgfältig gearbeitet werden. Profis verwenden eine Anpresslatte. Zunächst tackert man die Folie am letzten seitlichen Sparren fest. Dann die Giebelwand säubern und doppelseitiges Klebeband auf den Putz aufkleben. Mit der Anpresslatte die Folie beiziehen und so die Folie fest auf das Dichtband drücken. Die Anpresslatte dann verschrauben und überstehende Folie mit einem Messer bündig an der Anpresslatte abschneiden.

Zum Abdichten der Dachfenster: Spannen Sie die Folie zunächst über das komplette Fenster.

Schneiden Sie dann zuerst entlang der horizontalen Rahmenschenkel die Folie ein. Trennen Sie dann mit vertikalen Schnitten das überflüssige Stück heraus.

Folie zur Seite klappen und Klebeband am äußeren Rahmenbereich des Fensters aufkleben.

Jetzt Folie seitlich beiziehen, am Fenster verkleben und überlappendes Material abschneiden. Fenstersturz und Fensterbank dichtet man abschließend mit sauber zugeschnittenen Folienresten ab, die mit Dichtband verklebt werden.

Schäden durch Niederschläge

Gegen Regen, Schnee, Hagel & Co. müssen alle Außenflächen des Hauses geschützt sein:

- Dach
- Außenwände
- Fenster und Türen
- Balkone

Dachabdichtungen

Bei fachgerecht aufgebauten Schrägdächern kann Niederschlag nur eindringen, wenn Dachziegel defekt sind. Einzelne beschädigte Dachziegel können Sie leicht selbst ersetzen. Dazu heben Sie die Dachziegel oberhalb des defekten Bausteins an und ziehen den defekten Ziegel heraus. Beim Ersetzen sollten Sie darauf achten, dass der neue Ziegel richtig aufliegt. Führen Sie Arbeiten am Dach nur dann selbst aus, wenn Sie schwindelfrei und gesichert sind (siehe Kasten).

Bei Flachdächern treten häufiger Feuchteprobleme durch Rissbildung in der Dachpappe oder schadhafte Fugen auf. Zum Abdichten setzt man Bitumen ein. Den Dichtstoff gibt es als Spachtelmasse – auch in Kartuschen.

SAFETY FIRST

Dacharbeiten sind lebensgefährlich, wenn Sie sich nicht ausreichend gegen Absturz sichern. Führen Sie deshalb Dacharbeiten nur aus, wenn Sie sich professionell mit Seilen sichern können. Außerdem sollten Sie schwindelfrei sein. Andernfalls beauftragen Sie besser ein Fachunternehmen mit der Ausführung der Arbeiten.

Defekte Dachrinnen dürfen Sie nicht auf die leichte Schulter nehmen: Wenn sie nicht umgehend abgedichtet werden, entstehen schnell Feuchteschäden an der Fassade

WERKZEUG

Bitumen-Spachtelmasse

Dachpappe

MATERIAL

Messer

Spachtel

Schadhaftes Flachdach abdichten

Reparatur eine Flachdaches: Beule oder undichte Stelle großflächig aufschneiden. Dachpappe zurückschlagen und Bitumenmasse aufspachteln. Dachpappe in der Masse so verkleben, dass Masse an den Schnittkanten herausquillt

Schneiden Sie die Dachpappe rund um die undichte Stelle so auf, dass Sie die Pappe zurückschlagen können. Tragen Sie die Spachtelmasse großzügig auf. Drücken Sie die zurückgeschlagene Pappe wieder so fest an, dass an allen Nahtstellen Spachtelmasse herausquillt.

Überspachteln Sie die Nahtstellen großflächig. Als zusätzlichen Schutz überziehen Sie die Reparaturstelle mit neuer Dachpappe. Schneiden Sie dazu ein entsprechend großes Stück Dachpappe zu und kleben Sie es in die noch frische Spachtelmasse. Die Kanten werden mit Bitumen geglättet und abgedichtet.

Schnittkanten jetzt großzügig überspachteln. Die neue, zuvor passend zurechtgeschnittene Dachpappe aufkleben. Abschließend Ränder der neuen Dachpappe dick einspachteln und Masse glatt abziehen

Fugen mit Bitumen abdichten

Spritzen Sie die entsprechende Fuge großzügig mit Dichtmasse aus. Achten Sie darauf, dass eine durchgängige Schicht entsteht. Feuchten Sie dann die Spachtelmasse mit Spülmittelwasser an und glätten Sie die überstehende Dichtmasse mit dem Finger.

Auf die gleiche Weise verfahren Sie bei Leckagen rund um einen Schornstein

Dachabflüsse und Regenrinnen

Zu Feuchteproblemen im Dachbereich kommt es immer wieder durch verstopfte oder schadhafte Dachabflüsse. Abflüsse und Regenrinnen sollten Sie deshalb besonders bei Flachdächern regelmäßig kontrollieren und säubern. Ansonsten staut sich das Wasser darin immer wieder zu kleinen Seen.

Regenrinnen leiten nicht nur das Wasser vom Dach ab, sondern schützen zugleich die Fassade: Bei undichten Regenrinnen fließt das Wasser durch die Leckstellen an der Fassade entlang, und das führt zu einer zusätzlichen Feuchtebelastung. Außerdem steigt durch das unkontrolliert versickernde Wasser der Feuchtegehalt des Erdreichs rund ums Haus. Deshalb sollten Sie defekte Regenrinnen und Regenfallrohre umgehend abdichten.

Zum Abdichten von Schornsteinfugen verwenden Sie am besten Bitumenkartuschen. Die Dichtmasse ohne Voranstrich in die Fuge spritzen. Dann Fugen mit Spülmittel-Wassergemisch anfeuchten und Dichtmasse glätten

MATERIAL

Kartusche mit Bitumendichtstoff

Spülmittel

WERKZEUG

Kartuschenpresse

Fassadenschutz

Bei der Feuchteisolierung der Fassade kommt es entscheidend auf die eingesetzten Materialien an. Im privaten Wohnungsbau sind dies vor allem:

- Verputztes Mauerwerk
- Sichtmauerwerk
- Holz

Verputztes Mauerwerk

Bei verputztem Mauerwerk wird der Feuchteschutz zum einen durch den Putz, zum anderen durch imprägnierende Anstriche gewährleistet. Deshalb können sowohl Risse im Putz als auch verwitterte Anstriche die Ursache für eindringende Nässe sein.

Bei Rissen im Putz unterscheidet man:

Putztechnische Risse sollten unmittelbar nach ihrem Entstehen abgedichtet werden

Putztechnische Risse
Die zum Teil haarfeinen Putzrisse, die oft großflächig die Wand überziehen, entstehen aufgrund von falschem Putzaufbau oder unprofessioneller Verarbeitung. Feuchteschäden beugt man hier durch spezielle hoch elastische, diffusionsoffene und wasserabweisende Anstriche vor. Mit diesen Arbeiten sollten Sie Fachunternehmen beauftragen, zumal die entsprechenden Produkte nicht an Endverbraucher verkauft werden.

Bautechnische Risse
Die vereinzelten, zum Teil breiten Risse in der Wand entstehen durch Setzungsbewegungen des Bauwerks oder durch Verschiebungen zwischen einzelnen Bauteilen. Die Risse sind oft sehr lang und werden zunächst durch Spachtelmassen geschlossen. Anschließend erhalten die sanierten Bauteile einen neuen, hoch elastischen Schutzanstrich.

Für bautechnische Risse bietet der Handel verschiedene Spachtelmassen (Reparaturmörtel) an. Beachten Sie beim Kauf, für welche Rissstärke die einzelnen Produkte

Kleine Risse können Sie mit leicht zu verarbeitenden Spezialmassen abdichten

ausgelegt sind. Bei so genannten Edelputzen auf Mineral- oder Kunstharzbasis können Sie allerdings keinen Reparaturmörtel anwenden – hier muss der Originalputz zum Ausbessern der Risse verwendet werden.

Risse im Putz ausbessern

Kratzen Sie den Riss mit einem Spachtel aus und reinigen Sie Fuge und Umgebungsfläche mit einer Drahtbürste. So entfernen Sie eventuell lose Putzteile oder Farbschichten. Bevor Sie den Riss zuspachteln, wird mit spezieller

Große Risse spachteln: Ausreichend Putz anmischen und mit einem Spachtel auf den Glätter aufbringen. Putz großzügig auf die Wand spachteln und dann mit dem Glätter sorgfältig abziehen

MATERIAL

Spachtelmasse

WERKZEUG

Drahtbürste

Spachtel

Durch Reibbewegungen mit dem Glätter können Sie den neuen Putz der Struktur der Fassade angleichen

WERKZEUG

Drahtbürste/ Hochdruckreiniger

Spezielle Rolle

Pinsel

MATERIAL

Fassadengrundierung

Fassadenfarbe

Fassaden-Grundierung imprägniert. Nach der vom Hersteller vorgegebenen Trockenzeit tragen Sie die Spachtelmasse auf und glätten dann die Fuge. Gleichen Sie abschließend die Oberfläche der Struktur des Putzes an, z. B. durch Reiben mit einem Kunststoffglätter (siehe Grafiken). Nach dem Austrocknen ist ein neuer Anstrich zum Angleichen an die Umgebungsflächen notwendig.

Fassade streichen

Vor einem neuen Anstrich sollten Sie die Fassade mit einer Bürste und/oder einem Hochdruckreiniger säubern. Dadurch wird sie staubfrei. Außerdem entdecken Sie so eventuell versteckte Putzrisse

Zunächst tragen Sie eine spezielle Fassaden-Grundierung für sandende oder kreidende Untergründe auf. Die Grundierung imprägniert und bildet einen perfekten Haftgrund für die Fassadenfarbe.

Empfehlenswert ist zunächst ein Voranstrich, wobei die Farbe mit 5 % Wasser verdünnt wird.

Für den Farbauftrag verwenden Sie am besten einen speziellen, gepolsterten Roller, besonders, wenn der Putz stark strukturiert ist. Mit dem Pinsel sollten Sie nur Ecken und Kanten bearbeiten, da der Pinselauftrag leicht einschlämmt und sich so auf großen Flächen die Gefahr von Rissbildung erhöht.

Beim Streichen sollten Sie nach Möglichkeit immer „nass in nass“ arbeiten – das verhindert später sichtbare Ansätze. Streichen Sie die Fassade an trockenen Tagen bei mittleren Temperaturen. In praller Sonne trocknet die Farbe sehr schnell – und das kann ebenfalls dazu führen, dass man später die Übergänge sieht.

Farbe schützt die Fassade zusätzlich – abgeblätterte Farbe macht es Feuchtigkeit leichter, in die Bausubstanz einzudringen

PRAXIS-TIPP

Wenn Sie die Streicharbeit für längere Zeit oder über Nacht unterbrechen, wickeln Sie Rolle oder Pinsel in einen Plastikbeutel ein. Dadurch wird ein Eintrocknen der Farbe verhindert.

Beim Anstreichen von Fassaden sollte „nass in nass" gearbeitet werden, damit nach dem Trocknen der Farbe keine Ansätze zu sehen sind

FASSADENCHECK

Testart	Ausführung	Ja	Nein
Sichttest	Sind Risse im Putz erkennbar oder ist Farbe abgeplatzt?		
Kratztest	Platzt Farbe oder Putz weg, wenn mit dem Fingernagel an der Fassade gekratzt wird?		
Abreißtest	Kleben Sie ein 20 cm langes Klebebandstück auf die Fassade und reißen Sie es ruckartig ab. Bleiben Putz oder Farbpartikel hängen?		
Wischtest	Wenn Sie mit der Hand über die Fassade wischen, ist dann auf der Handinnenseite Abrieb erkennbar?		
Wassertest	Wenn Sie mit dem Gartenschlauch Wasser an die Fassade spritzen – saugt die Fassade das Wasser stark auf?		
Klopftest	Lassen sich beim Abklopfen Hohlräume ausmachen?		

Wenn Sie eine oder mehrere der Fragen mit „Ja“ beantworten müssen, ist eine Renovierung der Fassade notwendig.

Für das Renovieren von Fassaden bieten die Hersteller jeweils aufeinander abgestimmte Produkte an

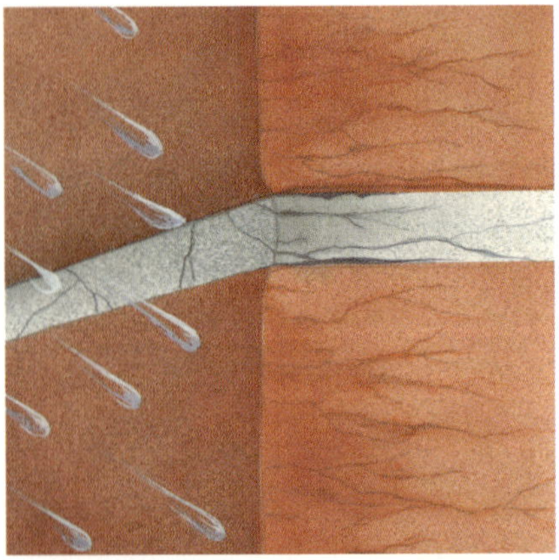

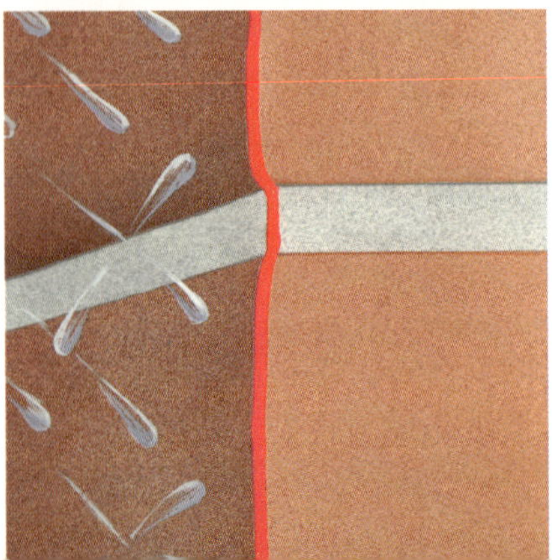

Ohne Schutzanstrich dringt das Wasser leicht in die Wand ein (oben), während nach der Imprägnierung die Feuchtigkeit an der Wandoberfläche abperlt (unten)

Ziegelmauerwerk

Bei Ziegelmauern bieten sich zwei Lösungen für einen effektiven Feuchteschutz an:

- Anstrich mit Fassadenfarbe (siehe Seite 49) oder
- spezielle farblose Imprägnierung

Die silikonhaltigen Imprägnierungen eignen sich besonders für Wetterseiten, die Schlagregen ausgesetzt sind. Man verwendet sie nur dann, wenn man die Fassade nicht streichen muss.

Fassaden-Imprägnierung

Vor der eigentlichen Imprägnierung sollten Sie – falls notwendig – die Fassade reinigen. Für die Imprägnierung selbst ist keine spezielle Vorbehandlung der Fassade mit einer Grundierung oder Ähnlichem notwendig.

Die dünnflüssige Imprägnierung können Sie leicht mit einem Quast oder einer Gartenspritze auftragen. Die Produkte enthalten Lösungsmittel. Decken Sie daher im Arbeitsbereich die Pflanzen ab, aber auch Umgebungs- und Abtropfflächen. Bei Fachwerkhäusern sollten Sie zudem die Balkenlage abkleben.

MATERIAL

Fassadenimprägnierung

WERKZEUG

Quast oder Gartenspritze

Mit einer Gartenspritze können Sie Wände besonders einfach imprägnieren

Nach dem Imprägnieren kann die Feuchtigkeit nicht mehr in die Wand eindringen

Holzschutz

Der Holzschutz im Außenbereich dient nicht nur dazu, das Material vor Feuchtigkeit zu schützen, sondern auch vor Pilzbefall, Fäulnis und Bläue.

Zum Schutz vor aufsteigender Nässe kommt es beim Verarbeiten der Hölzer darauf an, dass kein direkter Kontakt zwischen Holz und Erdreich besteht. Wenn Sie das Holz auf festem Untergrund einbauen – beispielsweise auf der Sockelplatte des Hauses –, dann ziehen Sie eine wassersperrende Schicht (z. B. Bitumen) darunter. Pfosten werden in den Halterungen so verankert, dass mindestens 3 cm Luft zwischen der Pfostenverankerung und dem Holz bleiben.

Wenn Nadelhölzer dauernd Erdfeuchtigkeit ausgesetzt sind, sollten sie mit wirkstoffhaltiger Grundierung behandelt worden sein

Die Holzarten reagieren je nach Inhaltsstoffen sehr unterschiedlich auf Niederschläge und Spritzwasser. Harzhaltige Nadelhölzer wie

Bei Gartenmöbeln hingegen ist kein wirkstoffhaltiger Schutz erforderlich; umweltfreundliche Lacke und Lasuren sind völlig ausreichend

Für den perfekten Holzschutz bieten die Hersteller umfangreiche Farbprogramme an

Fichte und Kiefer sind gegen Feuchtigkeit sehr anfällig. Sie müssen daher intensiv mit Holzschutzmitteln behandelt werden, wenn man sie außen verwenden möchte. Anders die ölhaltigen Hölzer, z. B. Teak oder Zeder. Sie sind von Haus aus gut geschützt.

Bei der Wahl des Holzschutzes muss man also die jeweilige Holzart berücksichtigen. Es gibt Holzschutzmittel, die genau abgestimmt sind, beispielsweise Grundierungen für Nadelhölzer oder Teak-Öl.

Holzschutzmittel

Als Holzschutzmittel werden Produkte bezeichnet, die den Baustoff vor Zersetzung durch Pilze und Insekten bewahren. Diese Mittel enthalten giftige Wirkstoffe, vor allem Pestizide. Dementsprechend sind die Verarbeitungshinweise der Hersteller genau zu beachten.

Anders sieht das bei den Wetterschutzfarben und -lasuren aus: Sie schützen das Holz vor Feuchtigkeit und Ausbleichen und enthalten keine giftigen Wirkstoffe. Achten Sie beim Kauf der Produkte darauf, ob giftige Wirkstoffe enthalten sind und ob dies für Ihren Holzschutz wirklich notwendig ist. Dabei sollten Sie Produkte bevorzugen, die mit dem blauen Umweltengel gekennzeichnet und so als umweltverträglich und ungefährlich eingestuft sind.

Lacke und Lasuren

Für einen effektiven Feuchteschutz im Außenbereich reichen Wetterschutzlacke und -farben mit geringen chemischen Zusätzen aus – mit einer Ausnahme: Bei Nadelhölzern ist zusätzlich eine wirkstoffhaltige Grundierung erforderlich. Bei einer Lasur bleibt die Maserung

Lack und Lasur im Vergleich: Bei Lacken ist im Gegensatz zu Lasuren die Maserung des Holzes nicht mehr zu erkennen

des Holzes erkennbar, ein Lack erzeugt eine undurchsichtige, durchgängige Farbschicht.

Bei den Lasuren unterscheidet man zwischen Dünn- und Dichschichtlasuren. Die Dünnschichtlasuren sind flüssiger und dringen deshalb tiefer in die Hölzer ein. Dickschichtlasuren hingegen decken besser.

Die Arbeiten sollten Sie nach Möglichkeit bei mittleren Temperaturen und weder in praller Sonne noch bei Regen ausführen. Die Hersteller empfehlen außerdem, darauf zu achten, dass die bearbeiteten Hölzer in der Trockenphase (in der Regel zwei bis drei Stunden) keiner Feuchtigkeit ausgesetzt werden.

Die Produkte sind anstrichfertig und dürfen meist nicht verdünnt werden. Besonders bei farbigen Anstrichen sollten Sie vor der Verarbeitung Lacke und Lasuren gründlich aufrühren. Zum Streichen verwenden Sie am besten Pinsel und Roller, die genau auf Ihr Vorhaben abgestimmt sind. So bietet der Fachhandel z.B. spezielle Pinsel und Roller für Produkte aus Acryl oder Kunstharz an. Abzuraten ist von „Billigpinseln“.

MATERIAL

Grundierung

Lack oder Lasur

WERKZEUG

Pinsel/Rolle

Abdeckfolie

Holz-Erstanstrich

Grundieren Sie jedes Nadelholz bei einem Erstanstrich im Außenbereich. Dazu muss das Holz trocken, fest und sauber sein. Außerdem sollten Sie die Hölzer zunächst passend zuschneiden, sodass auch die für Nässe besonders anfälligen Schnittflächen (Stirnholz) imprägniert werden. Außerdem vermeiden Sie auf diese Weise, dass der Verschnitt vom Wirkstoff belastet wird.

Der eigentliche Anstrich sollte frühestens einen Tag nach der Grundierung erfolgen – diese trocknet zwar innerhalb von wenigen Stunden an, durch und durch trocken ist das Holz allerdings erst nach 12 bis 24 Stunden.

SAFETY FIRST

Beachten Sie die Sicherheitshinweise der Hersteller genau. Holzschutzmittel sollten grundsätzlich nicht in die Hände von Kindern geraten. Wirkstoffhaltige Mittel sollten nur im Freien oder in gut belüfteten Räumen verarbeitet werden. Leere Dosen und alte Pinsel gehören auf den Sondermüll. Einige Produkte sind sehr leicht brennbar, zum Teil besteht sogar Gefahr von Selbstentzündung, z. B. bei Teak-Öl.

PRAXIS-TIPP

Zur farblichen Gestaltung von Holzflächen gibt es außer Fertigmischungen in bestimmten Farbtönen auch Produkte, die man nach eigenem Geschmack mischen kann. Bleiben Sie dafür immer bei der Produktlinie eines Herstellers, es lassen sich beliebige Lacke und Lasuren oft nicht gut mischen.

Pflegeanstrich

Spätestens zwei bis drei Jahre nach Verarbeitung des Holzes zeigen sich witterungsbedingte Risse. Da dadurch auch die Schutzschicht in Mitleidenschaft gezogen wird, ist ein Pflegeanstrich erforderlich. Lack oder Lasur können Sie ohne Vorbehandlung direkt auftragen, ohne Anschmirgeln oder erneute Grundierung.

Bei starker Rissbildung in Vollhölzern sind Dünnschichtlasuren erste Wahl, weil sie besser in die Ritzen eindringen.

Verwenden Sie für den Pflegeanstrich die gleichen Produkte wie für den Erstanstrich. Dies gilt

Bei diesem Doppelhaus ist der Pflegeanstrich auf der einen Seite deutlich zu sehen

besonders, wenn nur Teilflächen einen neuen Anstrich erhalten, denn trotz gleich lautender Bezeichnungen fallen die Farbtöne bei verschiedenen Herstellern unterschiedlich aus.

Sanierung

Alte, lange nicht behandelte Hölzer müssen vor der Sanierung gründlich gesäubert werden. Abgeblätterte Farbe und lose Holzsplitter entfernen Sie sorgfältig mit einer Drahtbürste.

Anschließend schmirgeln Sie die gesamte Fläche ab (100er-Körnung). Entfernen Sie verfaultes Holz, setzen Sie notfalls unverbrauchte Holzteile an. Grundieren Sie das Material auf alle Fälle, bevor Sie danach lackieren oder Lasuren verwenden.

PRAXIS-TIPP

Lacke und Lasuren können beim Trocknen den Farbton verändern und dunkeln oft nach. Um die Farbgestaltung abschließend beurteilen zu können, sollten Sie die Mittel zunächst 24 Stunden austrocknen lassen und erst dann eventuelle Farbkorrekturen durch zusätzliche Anstriche vornehmen.

Die Farbe von Teakholz bleibt erhalten, wenn die Hölzer mit speziellen Pflegemitteln behandelt werden

Pflegeöl

Viele tropische Hölzer, allen voran Teakholz, können unbehandelt im Freien stehen. Allerdings: Mit der Zeit verwittert die Oberfläche und wird grau. Um die Farbe des Holzes zu erhalten und das Material zu pflegen, bietet der Handel spezielle Produkte an. Das Holz wird zunächst gereinigt. Entfernen Sie Flecke – vor allem Fettflecke – mit Verdünnung oder Terpentinersatz. Das Teak-Öl wird nun mit einem Lappen auf dem Holz in Richtung der Maserung verrieben. Soll es eine matte Oberfläche erhalten wird die noch nasse Oberfläche mit feinem Schleifpapier angeschmirgelt. Abschließend behandeln Sie das Holz mit dem noch feuchten Lappen nach.

Fugen abdichten

Die Fugen zwischen den Rahmen von Fenstern und Türen sowie den angrenzenden Bauteilen müssen mit elastischem Material gegen eindringende Feuchtigkeit abgedichtet werden. Dazu bietet der Handel verschiedene Dichtstoffe auf der Basis von Silikon, Acrylat oder – seltener – Polymer an. Silikon lässt sich universell einsetzen, ist aber nicht überstreichfähig – im Gegensatz zu Dichtmassen auf Acryl-Basis. Zum Abdichten von Fugen verwendet man am besten Kartuschen für Kartuschenpressen – neu im Handel sind Dichtstoffe in so genannten Dosierspendern, für die keine Kartuschenpresse mehr notwendig ist.

Damit die Dichtungsmasse ausschließlich an Tür oder Fenster und Wand haftet (2-Flanken-Haftung), quetscht man in die Fuge so genannte Hinterfüllschnüre aus Polyethylen. Die Produkte werden in verschiedenen Durchmessern angeboten. Benutzen Sie immer Schnüre, die etwas breiter sind als die Fuge – nur so sitzt die Schnur fest. Das Glattziehen der Fugen gelingt am besten, wenn Dichtmasse oder Werkzeug bzw. Finger angefeuchtet werden. Der Zusatz von Spülmitteln ist nur bei Silikon zu empfehlen. Bei Produkten auf Acrylbasis verwendet man klares Wasser.

Einsatzbereiche von Dichtungsmassen					
Einsatzbereich	Sanitär-Silikon	Marmor-Silikon	Bau-Silikon	Acryl-Massen	Dachdicht
Anschluss von Fenstern und Türen zum Mauerwerk		×	×		
Fugen im Mauerwerk der Fassade			×	×	
Putzrisse in der Fassade				×	
Fugen im Dachbereich					×
Fugen beim Innenausbau				×	
Fugen in Bad und Küche	×	×			

Fenster- und Türfugen abdichten

Vor dem Verfugen reinigen Sie zunächst Rahmen und Mauerwerk. Dann schneiden Sie die Hinterfüllschnur auf die richtige Länge zu und quetschen diese in die Fuge. Dazu benutzen Sie ein flaches, stumpfes Werkzeug, z.B. einen Schlitzschraubendreher mittlerer Größe.

Im Abstand von 3 – 5 mm zur Rahmenkante kleben Sie Fenster oder Tür mit Abklebeband sorgfältig und gerade ab – nur so entsteht anschließend eine auch optisch attraktive Fuge.

Die Spritzdüse der Kartusche schneiden Sie schräg an, sodass eine Öffnung in der gewünschten Breite entsteht. Achten Sie auf einen gleich bleibenden Materialfluss, wenn Sie mit der Kartuschenpresse die Fuge abdichten.

MATERIAL

Abklebeband

Hinterfüllschnur

Kartusche mit Dichtmasse

WERKZEUG

Messer

Schlitzschraubendreher

Kartuschenpresse

Fugenblätter

Zunächst drücken Sie eine Hinterfüllschnur in die Fuge, die auf beiden Seiten exakt abgeklebt sein sollte. Dann die Fuge mit Silikon oder Acryl ausspritzen

Das Abziehen der überflüssigen Dichtungsmasse erleichtern Spezialwerkzeuge wie dieser Abzieher

Es dürfen keine Lücken auftreten, in denen kein Dichtstoff sitzt.

Abschließend glätten Sie die Fuge. Besonders einfach geht dies mit einem speziellen Fugenglätter.

Bodenfuge im Außenbereich dauerelastisch abdichten

Bei gefliesten Terrassen oder Balkonen müssen die Fugen zwischen Wand und Boden bzw. Sockel und Boden ebenfalls dauerelastisch abgedichtet werden. Zudem muss bei großen verfliesten Flächen alle 4 m^2 eine Dehnungsfuge eingezogen werden.

Die Arbeitsschritte unterscheiden sich dabei nicht von denen beim Abdichten von Fenstern und Türen. Allerdings sollten Sie vor dem eigentlichen Verfugen die Fuge mit einem speziellen Haftgrund einstreichen, da ansonsten die Dichtmassen besonders auf porösen Fliesenkanten schlecht haften.

Die Grafik zeigt eine professionell ausgeführte Anschlussfuge

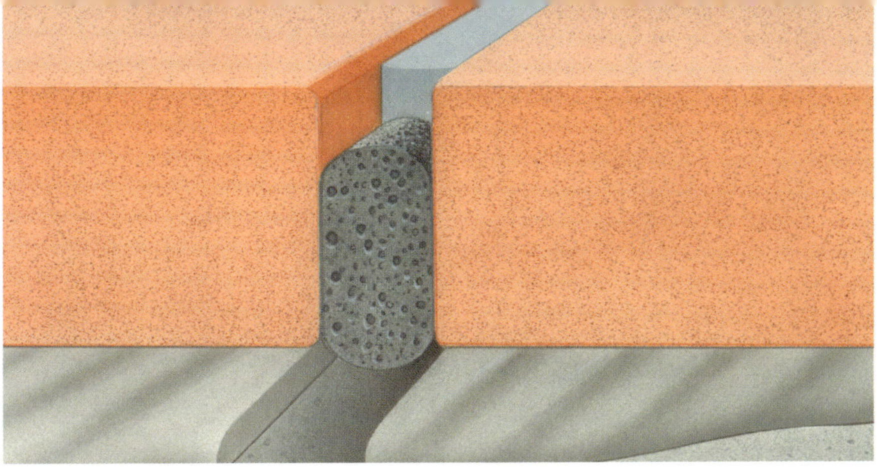

Dehnungsfuge

Fugenvoranstrich (abgeklebt)

Hinterfüllschnur einziehen

Dichtungsmasse einspritzen

Einsatz Fugenglätter

PRAXIS-TIPP

Wenn Sie eine Kartusche nicht aufbrauchen, stecken Sie in die Spritzdüse einen langen Nagel – dann können Sie die Kartusche später weiter benutzen.

Mit dem Finger glatt abziehen. Dann die Dichtungsmasse einspritzen und mit einem Fugenglätter die überschüssige Dichtungsmasse abziehen. Optisch erhält die Fuge den letzten Schliff, indem sie mit angefeuchteten Fingern glatt gezogen wird

Schäden durch Erdfeuchte

Schäden durch drückende oder aufsteigende Erdfeuchte zeigen sich anhand nasser Kellerwände und -böden sowie durch Ausblühungen am Sockel des Hauses. In schweren Fällen steigt die Feuchtigkeit mehrere Meter hoch in die Außenwand und zerstört sie systematisch von innen.

Aufsteigende Feuchte in der Außenmauer führt zu Absprengungen im Sockelbereich

Die Stelle, an der sich der Feuchteschaden zeigt, ist stets nur die „Spitze eines Eisbergs“: Denn wenn z.B. eine Kellerwand an einer Stelle besonders feucht ist, bedeutet dies zugleich, dass ein großer Teil, wahrscheinlich sogar die gesamte Wand, von Wasser durchtränkt ist. Dementsprechend hoch ist der Sanierungsaufwand. Kostentreibend wirkt sich dabei aus, dass viele der notwendigen Arbeiten nicht in Eigenleistung erbracht, sondern nur von Fachunternehmen ausgeführt werden können.

Feuchte Keller

Gerade in Bezug auf feuchte Kellerwände bieten zahlreiche Bauchemiehersteller schnelle Hilfe an: Spezielle Dichtmassen oder -schlämme verhindern, dass die Feuchtigkeit der Wand in den Kellerraum eindringt. Die Produkte werden flächig aufgetragen und bilden eine durchgehende Isolierschicht, durch die kein Wasser mehr dringen kann.

Wer Teile des Kellers als Wohnraum oder zum Lagern nutzt, dem ist nicht nur am Schutz der Bausubstanz gelegen: Treten Feuchteprobleme auf, geht es vor allem auch um den Schutz von Sachwerten. Hier ist es sinnvoll, als Erste-Hilfe-Maßnahme Kellerwände und/oder Böden von innen mit einer Isolierschicht zu versehen, die den Feuchteeinbruch stoppt.

Wenn die Ursache des Feuchteschadens aber in fehlenden oder schadhaften Isolierungen gegen Erdfeuchte liegt, sind Dichtschlämme und Isolieranstriche von innen kaum mehr als ein Herumdoktern an Symptomen – und gefährlich dazu. Sie vermitteln die trügerische Sicherheit, der Schaden sei durch das Aufbringen der Isolierschicht von innen behoben. Das Gegenteil aber ist der Fall: Das Wasser bleibt weiterhin in der Wand und schädigt dauerhaft die Bausubstanz. Mehr noch: Da das Wasser nicht mehr in den Kellerinnenraum entweichen kann, sucht es sich im Baukörper neue Wege und dringt nicht selten in bislang trockene Bauteile ein. Neue Feuchteschäden entstehen z. B. in Außenwänden, in denen das Wasser jetzt nach oben wandert.

Gerade bei Schäden durch Erdfeuchtigkeit ist es deshalb besonders wichtig, die Ursachen abzustellen und nicht nur die Symptome zu behandeln. Für den Laien ist die fachgerechte Beurteilung des Feuchteschadens und der notwendigen Sanierungsmaßnahmen aufgrund der vielschichtigen Problematik kaum möglich.

Stark feuchtegeschädigte Kellerwände entstehen fast immer durch fehlende oder defekte Abdichtungen

Dazu ein Beispiel: Feuchte oder leicht nasse Kellerwände können zwar auf eine fehlende, schadhafte oder nicht ausreichende Abdichtung gegen Erdfeuchtigkeit zurückzuführen sein – der Grund für den Feuchteschaden muss aber nicht zwangsläufig darin liegen. Vielmehr können selbst tropfnasse Wände durch Kondensat entstehen: Warme Luft im Keller trifft auf die durch das Erdreich dauerhaft kühlen Außenwände – die Feuchtigkeit schlägt sich auf der Mauer nieder. Das Problem ist durch richtiges Lüften und Heizen (siehe auch Seite 30 – 35) zu beheben – und in diesem Fall ist sogar ein Isolieranstrich von innen sinnvoll, weil er die Bausubstanz vor Kondensat und seinen Folgen (Schimmelpilz) schützt.

PRAXIS-TIPP

Einige Bauchemiehersteller bieten kostenlose fachgerechte Beratung vor Ort an – allerdings nur, bei größeren Objekten beziehungsweise Feuchteschäden. Entsprechende Hinweise und Telefonnummern finden Sie in den Prospekten der Hersteller.

Salpeter ist einer der ärgsten Feinde der Bausubstanz

Salzausblühungen

Wenn Erdfeuchte ins Mauerwerk eindringt, steigt sie durch den Kapillartransport so weit nach oben, bis sie wieder abtrocknen kann – z. B. am Sockel oder an der Außenmauer. Das Wasser transportiert dabei auch verschiedene Stoffe, z. B. NaCl (Kochsalz), $CaSo_4$ (Gipsstein), $CaCo_3$ (Kalkstein) oder Sulfate, Chloride und Nitrate.

In den Bereichen, in denen die Feuchtigkeit abtrocknet, lagern sich diese Stoffe ab. – Nach längerer Zeit kommt es zu den bekannten Ausblühungen (Salpeter). Diese Stoffe greifen die Bausubstanz zusätzlich an – die Schäden reichen bis hin zum Mauerfraß, bei dem selbst Steine zersetzt werden.

Salze ziehen Feuchtigkeit an, nehmen sie auf. Der Kapillartransport wird dadurch wesentlich begünstigt – die Wand kann mehr Feuchtigkeit aufnehmen, die sich zudem schneller ausbreitet. Hinzu kommt schließlich, dass die Salze auch der Luft Feuchtigkeit entziehen, sodass eine zusätzliche Feuchtebelastung entsteht.

In welchem Ausmaß sich die Stoffe in der Wand einlagern, ist von der Bodenbeschaffenheit abhängig. In landwirtschaftlich intensiv genutzten Gebieten ist beispielsweise die Bodenbelastung durch Nitrate besonders hoch.

Treten Salzausblühungen auf, reicht es nicht aus, den Salpeter mit Spezialmitteln zu bekämpfen – vielmehr müssen gleichzeitig die Ursachen für den Feuchteschaden beseitigt werden.

Salpeter-Entferner ist eine Flüssigkeit, mit der das Mauerwerk getränkt wird – am einfachsten geht es mit einem Quast. Je nach Stärke der Ausblühungen muss die Wand mehrfach behandelt werden. Vor und nach jeder Behandlung reinigen Sie die Wand mit einer Stahlbürste und entfernen dadurch die gelösten Salzausblühungen.

Die entsprechenden Mittel sind wirkstoffhaltig – deshalb sollten Sie auf jeden Fall die Sicherheitshinweise des Herstellers beachten und beim Arbeiten Handschuhe tragen.

Bauliche Maßnahmen

Bauliche Maßnahmen gegen das Eindringen von Erdfeuchtigkeit zielen zum einen darauf ab, durch eine Drainage oder eine Betonwanne möglichst wenig Feuchtigkeit an die Bausubstanz herandringen zu lassen. Zum anderen wird die Bausubstanz direkt durch horizontale und vertikale Sperrschichten an Mauer und Fundament gegen Wasser geschützt.

Für die Entfernung von Salpeter bietet der Handel Komplettsets an

Drainage

Eine Drainage dient der Baugrundentwässerung: In einem rund um das Haus verlegten Dränrohr werden das Sickerwasser und das Stauwasser gesammelt und in einen Sickerschacht oder in einen Abwasserkanal geleitet. (Das Sickerwasser gelangt durch Niederschläge in den Boden, wo sich das Stauwasser bereits befindet.) Spezielle Dränmatten oder Dränplatten schützen die erdberührenden Bauteile (und damit das Haus) vor direktem Kontakt mit der Feuchtigkeit.

Das als Ringleitung ausgebildete Dränrohr wird in einem Graben verlegt, der genau bis zur Fundamentsohle reicht.

Die Leitung (das Dränrohr) besteht aus Kunststoff; sie hat feine

Aufbau einer Drainage

Drainmatten verhindern den direkten Kontakt von Hauswand und Erdreich und sorgen zugleich dafür, dass Wasser nach unten zum Drainrohr abgeleitet wird

Löcher, durch das Wasser aus dem Erdreich in das Rohr sickern kann.

Das Dränrohr muss ein leichtes Gefälle aufweisen, damit das Wasser zum Sickerschacht fließt. Von der Geländeoberkante der Mauer bis zum Dränrohr schützen die erwähnten Dränmatten die Bausubstanz. Sie liegen direkt auf dem Dränrohr auf. Bei der Montage wird sie mit Dachlatten an der Mauer fixiert. Zudem wird der Graben breit mit einem so genannten Filterflies ausgelegt und mit Filterkies gefüllt. Der Flies verhindert, dass feine Erdbestandteile eingeschwemmt werden und das Rohr zusetzen. Die Kiesschicht, die ebenfalls dem Filtern des Wassers dient, sollte mindestens 15 cm stark sein und ein leichtes Gefälle vom Haus hinweg aufweisen. Der überstehende Filterflies wird dann über den Kies bis an die Dränmatte umgeschlagen, sodass der Filterkies gegen Einschwemmungen rundum geschützt ist. Die Baugrube wird schließlich verfüllt, wobei kein Bauschutt verwendet werden sollte.

An der Geländeoberkante verhindert eine mindestens 20 cm breite Kiesschicht eine direkte Berührung von Erdreich und Bausubstanz. Eine Dränage können Sie in Eigenleistung errichten. Lassen Sie sich dazu fachgerecht beraten – z.B. im Baustofffachhandel und führen Sie die Arbeiten sorgfältig aus.

SAFETY FIRST

Vor allem, wenn eine Dränage nachträglich eingebracht wird, sollten Sie die Baugrube ausreichend gegen eventuell nachrutschendes Erdreich sichern.

Betonwannen

Bei sehr feuchten Böden reicht der Bauschutz durch eine Dränage einerseits und horizontale und vertikale Sperren andererseits nicht aus, das Gebäude ausreichend zu sichern. Soll bei Neubauten dennoch nicht auf einen Keller verzichtet werden, errichtet man eine so genannte Betonwanne. Dazu wird die Baugrube komplett mit Beton ausgegossen – die Mehrkosten sind dementsprechend hoch.

Anbringen der Drainmatte

Beton schützt Häuser bestens auch gegen stehendes Wasser

Horizontale und vertikale Sperren

Nach der DIN-Norm 18195 muss heute jeder Neubau mit horizontalen und vertikalen Sperrschichten versehen werden, die das Eindringen von Feuchtigkeit ins Mauerwerk verhindern.

Horizontale Sperren

Um die Mauer von unten gegen aufsteigende Feuchtigkeit zu sperren, setzt man einen Streifen 500er-Bitumenbahn ein, den der Fachhandel als Rollbahn in den gängigen Mauerstärken – 36,5, 30 und 24 cm – anbietet. Alternativ können Sie schwarze Dichtfolie verwenden.

Die Sperre wird direkt oberhalb des Mauerfundaments eingebracht. Wenn Sie die Sperrschicht zu hoch in der Wand platzieren, kommt es unterhalb zu einem Staudruck und damit zu Feuchteschäden.

Darüber hinaus sollten Sie die Bahnen so in das Mauerwerk einlegen, dass sie die Putzschichten außen wie innen unterbrechen. Andernfalls fungiert der Putz als Brücke, über den die Feuchtigkeit trotz Sperrschicht nach oben wandern kann.

Aneinander gesetzte Bahnen müssen mindestens 10 cm überlappen. Achten Sie darauf, dass die Sperren glatt aufliegen und sich keine Mauersplitter durchdrücken. Glätten Sie nötigenfalls die Auflagefläche und säubern Sie diese vor dem Auflegen der Sperren.

Bei diesem Neubau ist die horizontale Abdichtung durch Bitumenpappe noch gut zu erkennen

Sanierung

Fehlen die horizontalen Sperren, sind sie schadhaft oder nicht professionell eingebracht, stehen verschiedene Sanierungsverfahren zur Wahl. Zu den wichtigsten zählen:

Mauertausch
Abschnittsweise wird die Mauer abgegraben, unterfangen und mit einer Sperrschicht versehen. Das Verfahren ist sehr aufwendig und kommt nur bei bestimmten Bauten infrage.

Stahlblecheinzug
In die Mörtelfugen der Grundmauern wird korrosionsbeständiges Stahlblech waagerecht eingeschlagen, das das Aufsteigen der Feuchtigkeit in die Mauer verhindert. Ein ebenfalls sehr aufwendiges Verfahren, das nur unter bestimmten Voraussetzungen angewendet werden kann.

Mauerschnitt
Mörtelfugen werden aufgeschnitten und sperrende Materialien eingepresst, sodass eine Sperrschicht entsteht.

Bohrkernsperre
Durch Bohrungen wird in die Mauer Schicht für Schicht Beton gefüllt, bis sich eine wirksame Sperrschicht ausgebildet hat.

Injektion
In die Mauer werden versetzt zueinander schräge Löcher gebohrt. Da hinein kommen Trichter, über die flüssige Sanierungsmittel in die Wand einsickern. Durch die Kapillarwirkung verteilt sich die Flüssigkeit in der gesamten Wand. Beim Aushärten der Flüssigkeit entsteht eine durchgehende waagerechte Sperre. Professionelle Sanierungsunternehmen beschleunigen die Kapillarwanderung durch Druck (Über- oder Unterdruck) und das Austrocknen durch Hitze. Drucklose Verfahren können Sie auch in Eigenleistung zur Sanierung einsetzen.

Die Grafik zeigt, wie beim Injektionsverfahren die Dichtflüssigkeit in die Wand eindringt

MATERIAL

Injektionstrichter

Dichtungs-schlämme

Sanierflüssigkeit

WERKZEUG

Bohrmaschine

16-mm-Bohrer

Glättkelle

Stahlbürste

Zollstock

Bleistift

Horizontalsperre im Injektionsverfahren einbringen

Bevor Sie beginnen, sollten Sie sich im Fachhandel versichern, ob die Sanierung mittels Injektionsverfahren bei Ihrem Wandaufbau möglich ist. Eventuell sind zuvor zusätzliche Arbeiten notwendig – so z. B. bei Hohlblocksteinen. Bei Natursteinmauern werden nur die Fugen, nicht aber die Steine versiegelt.

Reinigen Sie zunächst gründlich die Wand von innen und entfernen Sie alte Anstriche oder lose Putzteile. Schadhafte Stellen, Löcher oder Risse verschließen Sie mit Dichtungsschlämmen.

Zeichnen Sie 10 cm über dem Boden in einer Reihe die ersten Bohrlöcher (Abstand maximal 10 cm) an. Rund 5 cm darüber wird – mittig versetzt – die zweite Reihe Bohrlöcher angezeichnet. Bei Wandecken sind zusätzliche Bohrungen erforderlich – die Bohrlöcher werden drei Reihen nach oben weitergeführt.

Bohren Sie jetzt in einem Winkel von ca. 35° nach schräg unten und bis zu einer Tiefe von $^2/_3$ der Mauerstärke. Mit einem Staubsauger saugen Sie das Bohrmehl ab. Dann setzen Sie die Trichter in die Bohrungen und füllen die Sanierflüssigkeit ein. Bei einigen Herstellern müssen je nach Wandbeschaffenheit zuvor verschiedene

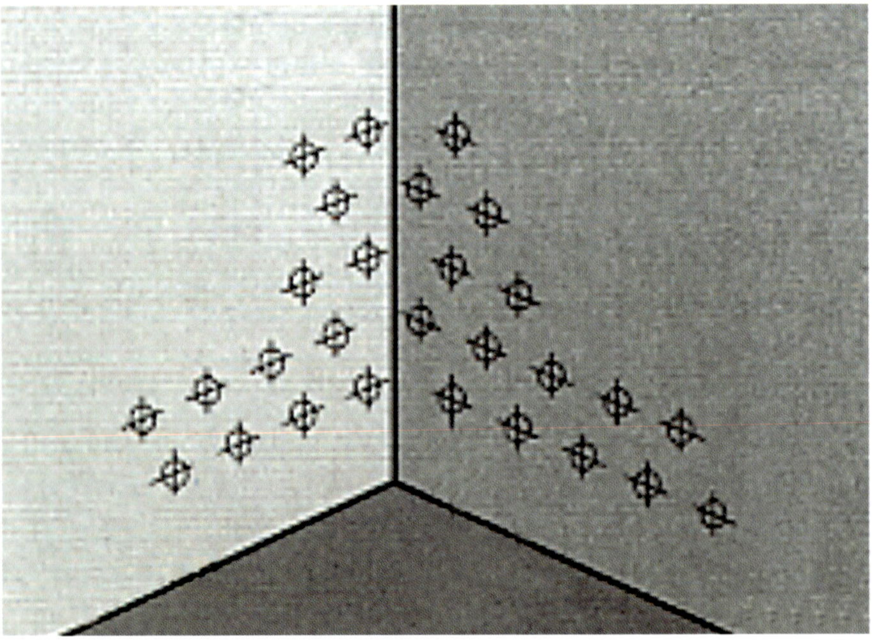

Die Bohrlöcher sollten Sie sorgfältig ausmessen und anzeichnen

Produkte gemischt werden – beachten Sie dazu die Anweisungen des Herstellers. Es muss so viel Flüssigkeit nachgefüllt werden, bis die Wand nichts mehr aufnimmt. Um zu kontrollieren, ob die Wand noch Flüssigkeit aufnimmt, zeichnen Sie den Flüssigkeitsstand außen am Trichter an. Es dauert in der Regel ein bis zwei Wochen, bis keine Flüssigkeit mehr nachläuft.

Abschließend werden die Bohrlöcher verschlossen. Dazu schneiden Sie die Trichter oben auf und pressen die dazu separat erhältlichen und auf die Sanierflüssigkeit abgestimmten Schlämme durch den Trichter in die Löcher. Mit einem Spachtel ziehen Sie dann die herausquellende Masse ab.

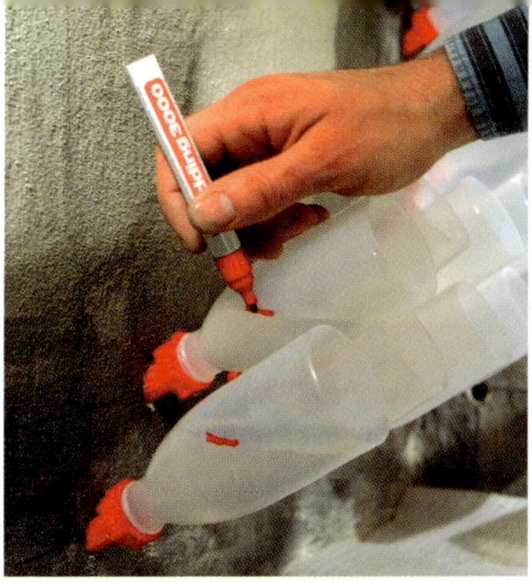

Um kontrollieren zu können, ob und wieviel Flüssigkeit die Wand aufnimmt, zeichnen Sie den Flüssigkeitsstand direkt nach dem Einfüllen auf den Trichtern an

Wenn die Wand keine Dichtflüssigkeit mehr aufnimmt, schneiden Sie die Trichter von hinten auf und pressen dann Dichtungsmasse in die Bohrlöcher

Abschließend werden die Löcher verputzt

Querschnitt durch eine fachgerechte Bodensohle

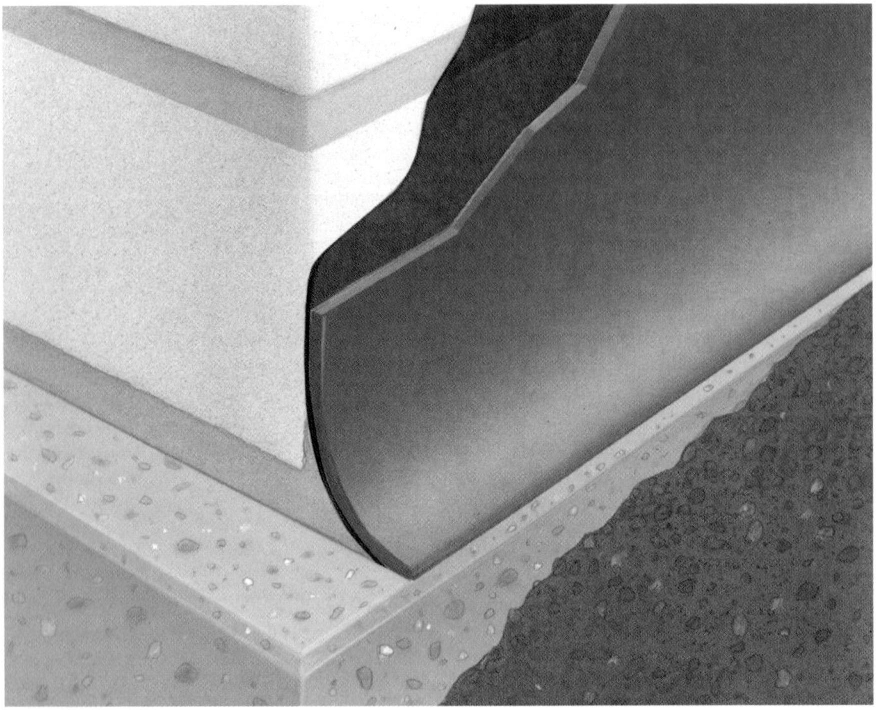

Vertikale Sperre

Als vertikale Sperre bezeichnet man spezielle Putze oder Dichtungsanstriche, die das Kellermauerwerk und den Sockel vor Feuchtigkeit schützen. Sowohl Dickbeschichtungen auf Bitumen-Latex-Basis als auch Bitumenanstriche können Sie dabei problemlos in Eigenleistung verarbeiten.

Dickbeschichtung

Dickbeschichtungen eignen sich für Kellermauern aus Beton, Mauerwerk aus Kalksandstein, Ziegel, Poroton oder Betonwerksteinen – Sie können die Masse aber auch auf Zementputz aufziehen. Empfehlenswert ist eine Schichtdicke von 5 – 7 mm, die Sie in einem Arbeitsgang erreichen können. Die Produkte eignen sich dazu, bis zu 2 mm breite Risse zu überdecken.

Bevor Sie die Dickbeschichtung auftragen, sollte die Hohlkehle erstellt sein. Sie verhindert, dass das an der Mauer herunterfließende Wasser sich auf dem überstehenden Fundament sammelt, und stellt einen glatten Anschluss zwischen der Wand und dem Fundament her. Den Absatz füllen Sie mit Mörtel und streichen ihn dann glatt. Zum

Eine Hohlkehle können Sie leicht selbst formen

Verdichten benutzt man am besten eine quer gelegte Bierflasche – dadurch entsteht zugleich eine Rundung, die das Wasser gut abfließen lässt.

Dickbeschichtung aufbringen

Zum Abdichten muss die Mauer trocken, sauber und tragfähig sein. Zunächst grundieren Sie die Wand mit einem Quast.

Nach der Austrocknungszeit (Herstellerhinweise beachten) tragen Sie die Masse mit dem Glättbrett auf. Arbeiten Sie dabei von unten nach oben. Die Dichtmasse muss flächig und in gleichmäßiger Schichtdicke aufgetragen werden.

Um die Dichtungsmasse auf den Glätter heben und ausbreiten zu können, benötigen Sie eine Kelle. Besonders sorgfältig sollten Sie die Hohlkehle und die Mauerecken beschichten.

Achten Sie darauf, dass Sie direkten Erdkontakt vermeiden, da sich ansonsten leicht Erd- oder Sandpartikel mit der Masse vermischen.

Wenn größere Schichtdicken erforderlich sein sollten, können Sie nach dem Abtrocknen der ersten eine zweite Deckschicht auftragen.

MATERIAL

Grundierung

Dickbeschichtung

WERKZEUG

Quast

Kelle

Stahlglätter

Vertikales Abdichten einer Kellerwand: Zunächst Wand mit Quast grundieren und dann eine Bitumendickbeschichtung in gut 5 mm Stärke aufbringen. Auch der Sockelbereich muss sorgfältig gegen Feuchtigkeit geschützt werden

Bohlensohlen dichten Sie mit Bitumen effektiv und attraktiv ab

Bitumenanstrich

Wenn die Kellerwand bereits verputzt ist, können Sie die Wand mit einem Bitumenanstrich vertikal abdichten. Die entsprechenden Produkte werden auch als Bitumenlack bezeichnet. Das Material wird außerdem dazu eingesetzt, den Sockel gegen Wasser abzudichten.

Die streichfähige Masse, die Sie mit einem Quast auftragen, sollte drei Schichten umfassen: eine Grund- und zwei Deckschichten. Bei stark saugenden Untergründen ist ein Voranstrich mit Grundierung in jedem Fall empfehlenswert.

Wasserabweisender Mörtel

Um die Gefahr von eindringender Feuchtigkeit wesentlich zu verringern, empfiehlt es sich, Kellerwände- und Betonböden wasserabweisend auszuführen. Dazu ist kein spezieller Mörtel notwendig – vielmehr bietet die Bauchemie Dichtungsmittel an, die untergemischt werden. Dabei setzen Sie das flüssige Dichtungsmittel dem Anmachwasser in einer sehr geringen Dosierung nach Anweisung der Hersteller zu. Die Produkte gibt es in verschiedenen Varianten, z. B. als Mörtelzusatz für Fassadenputz oder Fugenausbildung oder als Zusatz für Beton.

Zusätze, durch die Beton oder Estrich wasserundurchlässig wird, mischt man dem Anmachwasser entsprechend den Herstellerangaben bei

MATERIAL

Dichtungsschlamm

WERKZEUG

Bohrmaschine mit Quirlaufsatz

Eimer

Quast

Kelle

Stahlglätter

Schwammbrett

Kellerräume von innen abdichten

Wenn der Keller von innen gegen eindringende Feuchtigkeit abgedichtet werden soll, sind Dichtschlämme erste Wahl. Dabei handelt es sich meist um Zementmörtel mit wasserabweisenden Zusätzen.

Dichtschlämme aufbringen

Bei der Verarbeitung sollten Sie die Hinweise der Hersteller genau beachten. Das Material kann auch auf feuchte Wände oder Böden aufgetragen werden.

Zunächst wird das Material mit Wasser stark verdünnt, sodass Sie mit dem Quast einen Grundanstrich auftragen können. Zum Verrühren benutzen Sie am besten eine Bohrmaschine mit Rühraufsatz.

Nachdem der Anstrich angetrocknet ist, rühren Sie den Dichtungsschlamm zu einer spachtelfähigen Masse an.

Sobald der Dichtungsschlamm tragfähig ist, ziehen Sie diesen mit einem Stahlglätter in einer 3 mm starken Schicht auf.

Arbeiten Sie dabei von unten nach oben. Mit dem leicht angefeuchteten Schwammbrett erhalten Sie eine gleichmäßige Oberfläche.

Dichtungsschlämme aufbringen:
Die Kellerwand muss sauber, aber nicht unbedingt trocken sein. Zunächst mit Quast Grundierung auftragen und dann Dichtungsschlamm mit einer Glättkelle aufbringen. Mit Schwammbrett eine glatte Oberfläche erzeugen und anschließend letzte Unebenheiten mit einem Stahlglätter beseitigen

Kreisen Sie dazu mit dem Brett über der frisch eingeschlämmten Fläche. Letzte Unebenheiten beseitigen Sie mit der Glättkelle.

MATERIAL

Haftgrund

spezieller Bodenspachtel

WERKZEUG

Hammer

Meißel

Spachtel

Risse in Wand oder Estrich abdichten

Wenn Feuchtigkeit durch Risse in der Wand oder im Estrich eindringt, sollten Sie die entsprechenden Stellen sofort abdichten. Der Fachhandel bietet dazu spezielle Spachtelmassen an, die extrem flexibel, rissüberbrückend und schlagfest sind.

Bei einem Riss im Estrich reicht es nicht aus, lediglich die spezielle Spachtelmasse aufzutragen. Vielmehr muss der gesamte Bereich des Risses mit Hammer und Meißel aufgestemmt werden, damit die Masse später besser haftet und nicht sofort erneut aufreißt.

Anschließend die Fuge gründlich reinigen und am besten mit dem Staubsauger aussaugen. Vor dem Ausspachteln einen auf den Spachtel abgestimmten Haftgrund auftragen und austrocknen lassen. Die Spachtelmasse sollten Sie in zwei bis drei Lagen aufbringen, wobei jede Lage rund 24 Stunden austrocknen muss.

Abschließend empfiehlt es sich, den Boden neu mit Dichtungsschlamm zu versiegeln. Diese Arbeit (Anleitung siehe S. 74/75) sollten Sie allerdings erst zwei bis drei Wochen nach dem Ausspachteln ausführen – so lange benötigt die Spachtelmasse, um komplett auszutrocknen. Erst danach ist es sinnvoll, weiterzuarbeiten.

Risse im Estrich beseitigen: Rissbereich großzügig ausstemmen, Grundierung aufbringen und dann mit frischem Estrich verschließen

Register

Praktische Hilfe für Selbermacher

·D·I·Y·
DEUTSCHE HEIMWERKER AKADEMIE

Seit 1988 bietet die DHA bundesweit Praxiskurse für Heimwerker zu allen Themen des Selbermachens an. Jeder Teilnehmer arbeitet dabei selbst an Übungsstücken und lernt dadurch, fachgerecht und sicher mit Material und Werkzeug umzugehen.

Kleine Übungsgruppen stellen sicher, dass man seinen persönlichen Neigungen entsprechend geschult wird. In jedem Seminar ist genügend Zeit vorhanden, um Fragen zu diskutieren und zu beantworten. Und bei zweitägigen Kursen kann man abends mit Gleichgesinnten nach Herzenslust fachsimpeln.

Nähere Infos bei:
Deutsche Heimwerker Akademie
Mollenbachstraße 33-35
71229 Leonberg

Das Kursprogramm finden Sie auch im Internet:
www.dha.de

Online Hilfe für Selbermacher www.dha.de

Das Netz der Netze bietet auch für Selbermacher sehr viele Möglichkeiten, bedarfsgerechte Informationen zu bekommen. Der DHA Server gewährleistet individuelle Beratung via E-Mail und ist zugleich ein Forum, in das Selbermacher Nachrichten, Fragen und jede Menge Tips und Tricks ablegen und so einer breiten Öffentlichkeit zur Verfügung stellen können.

Neben Bauplan downloads finden Sie auch eine Menge Links zu anderen Seiten im Netz, die für Selbermacher unerlässlich sind.

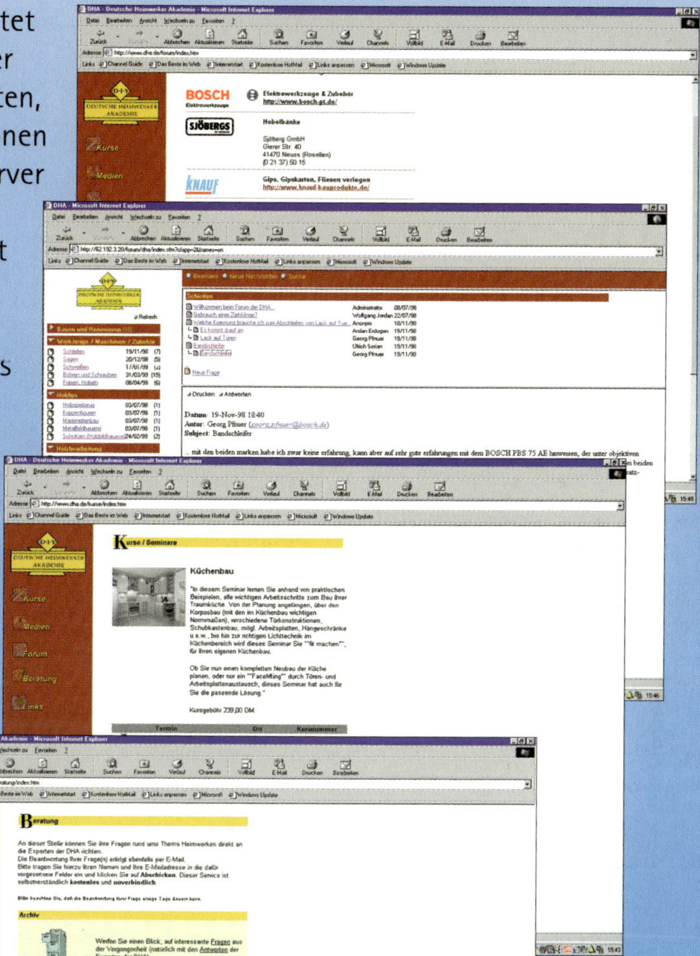

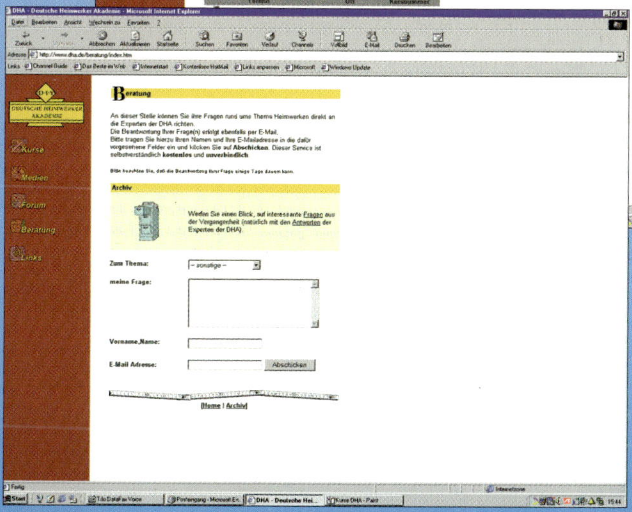

Im FALKEN Verlag sind zahlreiche Titel zum Thema »Do it yourself« erschienen.
Sie sind überall erhältlich, wo es Bücher gibt.

Sie finden uns im Internet: **www.falken.de**

Dieses Buch wurde auf chlorfrei gebleichtem und säurefreiem Papier gedruckt.

Der Text dieses Buches entspricht den Regeln der neuen deutschen Rechtschreibung.

ISBN 3 8068 2531 9

© 1999/2000 by FALKEN Verlag, 65527 Niedernhausen/Ts.
Die Verwertung der Texte und Bilder, auch auszugsweise, ist ohne Zustimmung des Verlags urheberrechtswidrig und strafbar. Dies gilt auch für Vervielfältigungen, Übersetzungen, Mikroverfilmung und für die Verarbeitung mit elektronischen Systemen.

Umschlaggestaltung: Peter Udo Pinzer
Layout und Gestaltung: Lohse Design, Büttelborn
Redaktion: Markus Hederer
Titelbild: Herbert Pohle, Taunusstein-Wehen
Fotos: **Medien Kommunikation**, Unna, außer: **Brilux König + Fischer GmbH & Co. KG**, Münster: S. 8 u., S. 36, S. 37 o.; **Ewald Dörken AG**, Herdecke: S.64, S. 65 o.; **Grünzweig + Hartmann AG**, Ludwigshafen: S. 22 u., S. 23, S. 41, S. 42; **Henkel-Ceresit**, Düsseldorf: S. 34 u., S. 43, S. 47 M., S. 47 u., S. 48, S. 51 o., S. 51 M., S. 57, S. 58 o., S. 59, S. 71; **ICI Lacke Farben GmbH**, Hilden: S. 13, S. 47 o., S. 49 u., S. 50 o. S. 51 u., S. 52, S. 53; **Knauf Bauprodukte GmbH**, Iphofen: S. 38 o.; **Köln Messe**, Köln: S. 12; **Lugato Chemie Dr. Büchtemann GmbH & Co.**, Hamburg: S. 1, S. 4 u., S. 11 u., S. 26 u., S. 44, S. 45, S. 72, S. 73, S. 74, S. 75; **Mem Bauchemie GmbH**, Leer: S. 37u., S. 61, S. 62, S. 63, S. 69, S. 76; **Rhodia Silicon GmbH**, Leverkusen: S. 46; **Rockwool Mineralwoll-GmbH**, Gladbeck: S. 26 o., S. 39; **Siemens Elektrogeräte GmbH**, München: S. 32
Grafiken: **Henkel-Ceresit**, Düsseldorf: S. 34 o., S. 50 M., S. 50 u., S. 58 u., S. 59 o., S. 70; **Knauf Bauprodukte GmbH**, Iphofen: S. 38 u.; **Medien Kommunikation**, Unna: S. 25; **Mem Bauchemie GmbH**, Leer: S. 67, S. 68

Die Ratschläge in diesem Buch sind von den Autoren und vom Verlag sorgfältig erwogen und geprüft, dennoch kann eine Garantie nicht übernommen werden.
Eine Haftung der Autoren bzw. des Verlags und seiner Beauftragten für Personen-, Sach- und Vermögensschäden ist ausgeschlossen.

Satz: Lohse Design, Büttelborn
Druck: Appl, Wemding

817 2635 4453 62